Griegoßies · Filzen

Elfgard Griegoßies

Handwerkliches Filzen

Herstellen · Verarbeiten · Gestalten

BAUVERLAG GMBH · WIESBADEN UND BERLIN

CIP-Kurztitelaufnahme der Deutschen Bibliothek

Griegossies, Elfgard:

Handwerkliches Filzen : herstellen, verarbeiten, gestalten / Elfgard Griegossies. – Wiesbaden ; Berlin : Bauverl., 1987.

ISBN 3–7625–2595–1

Fotos von Raimund Griegoßies und Fotostudio Strieder, Lampertheim
Zeichnungen von Elfgard Griegoßies

Druck: Druckhaus Darmstadt GmbH, Darmstadt

ISBN 3–7625–2595–1

Inhalt

Einführung

Der Schwan aus dem Altaigebirge ist die älteste Filzplastik der Welt (etwa 500 v. Chr.). Die 35 cm lange Tiergestalt diente vermutlich als Wagenschmuck.
Fundstätte: Sibirisches Fürstengrab.

Filz ist ein Faserverband aus losen, nicht gesponnenen (Tier-)Haaren (Haarfilz) oder Wolle (Wollfilz), die zusammengepreßt oder gewalkt werden.*

Filz umgibt uns überall in den unterschiedlichsten Formen und Eigenschaften – von sehr weicher bis sehr harter Qualität – und wird in vielen Bereichen eingesetzt: Wir schreiben mit Filzschreibern, spielen mit Tennisbällen, laufen auf Filz-Bodenbelägen, benutzen Filzunterlagen in der Krankenpflege. Im Bereich der Musik finden wir den Filz an Paukenschlägern, zur Dämpfung der Mechanik an Klavieren oder als Schalldämpfung und Korrektur in Opernhäusern oder Konzertsälen. Auch im Bereich der Autos wird Filz u.a. für Zündverteiler und Motoren verwendet und im Bereich der Fotoindustrie und Papierherstellung in den Trocknungsanlagen.

Das sind nur einige Beispiele, aber die Liste ließe sich noch wesentlich erweitern. Gelegentlich begegnet man in Schlössern mit empfindlichem Fußboden den großen Filzpantoffeln, die wir Besucher während der Besichtigung überstreifen müssen. Ähnliche Pantoffeln und Hausschuhe, aber auch Hüte und andere Kleidungsstücke wurden früher in fast jedem Land hergestellt.

Griechen und Römer trugen auf ihren Kriegszügen Westen aus sehr festem Filz, die sie vor den feindlichen Pfeilen schützen sollten. Norweger, Finnen, Schweden und Russen schützten sich mit dicken Filzschuhen, -westen, -mänteln und Filzmützen vor Kälte, Schnee und Eis. In Zentralasien wurden Stiefel, Mäntel, Teppiche und Zelte hergestellt. Es wurden auch Filzbilder mit symbolischen Zeichen, Tierabbildungen und Ornamenten angefertigt, die rituelle und magische Bedeutung hatten. In Peru werden auch heute noch Gebrauchsgegenstände für den täglichen Bedarf gefilzt.

Das Filzen ist sicherlich die älteste Textiltechnik der Menschheit und wurde schon vor dem Spinnen und Weben ausgeübt. Es ist wahrscheinlich, daß bereits vor 3000 Jahren gefilzt wurde. Forschungen in den 20er und 30er Jahren konnten zum ersten Mal belegen, daß das Kunsthandwerk Filzen in Nord-, Zentral- und Südasien auf eine über 2500-jährige Geschichte – was Entstehung, Entwicklung und Verbreitung dieser Technik betrifft – zurückblicken kann.

Eines der ältesten Zeugnisse für die Filzherstellung ist der Fund von vier 30 cm langen, plastisch gearbeiteten und mit Heu ausgestopften Schwänen, die als Grabbeigabe in einem sibirischen Fürstengrab gefunden wurden.

* Aus Meyers Großes Lexikon, Stichwort "Filz".

Einführung

Im Balkanraum haben sich ganze Mäntel und Jacken aus Schafsfilz erhalten.

Wahrscheinlich liegt der Ursprung des Filzens in Asien und wurde von den Nomaden der nord- und zentralasiatischen Steppengebiete ausgeführt. Sprachgeschichtlich leitet sich das Wort Nomade "Numdah", "Numud", "Namadi", "Nemed" von dem Begriff Filzteppich ab. Diese östlichen Reitervölker haben die Filztechnik vermutlich bereits in der Antike nach Mitteleuropa gebracht.

Odysseus trug eine Kopfbedeckung aus Filz, Cäsars Soldaten Filztuniken, -jacken und -stiefel.

Im Mittelalter waren Deutschlands Hutmacher sehr bekannt und gefragt, aber auch in Skandinavien hat die Technik der Filzherstellung eine lange Tradition. Durch die Industrialisierung wurde das Handwerk Filzen jedoch immer mehr verdrängt und geriet – bis auf wenige Ausnahmen – fast ganz in Vergessenheit.

Erst in den sechziger Jahren entdeckte man diese interessante Technik des Wolleverfilzens wieder. Vor allem kunsthandwerklich orientierte Amerikaner, die Finnland bereist hatten, brachten von dort über die Niederlande und Skandinavien, wo die alte nordländische Walktechnik einmal eine große Tradition hatte, die Filztechnik auch wieder zu uns.

Die Techniken

Prinzipiell unterscheidet man zwei Filztechniken: die asiatische Einroll-Technik und die skandinavische Walk-Technik.

Asiatische Einroll-Technik

Die Einroll-Technik ist in Asien gebräuchlich. Dort werden hauptsächlich flächige Gegenstände wie Satteldecken, Matten, Zelte u.a.m. angefertigt.

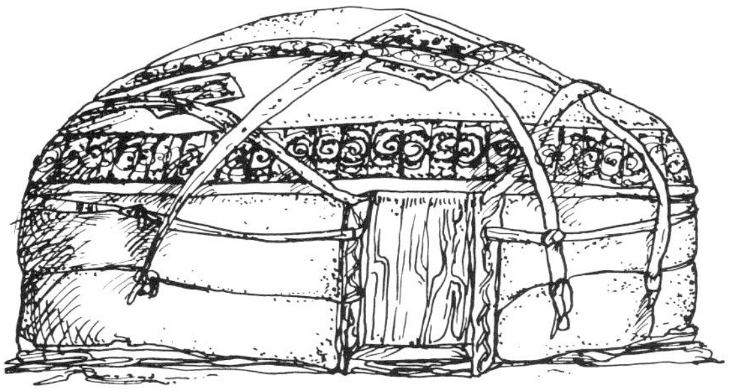

Jurte aus Kasachstan (nach Bidder, 1980).

Die vorbereitete Wolle wird in einer Matte eingerollt und zusammengebunden. Nachdem das Eingerollte mit Seifenlauge durchtränkt ist, muß die

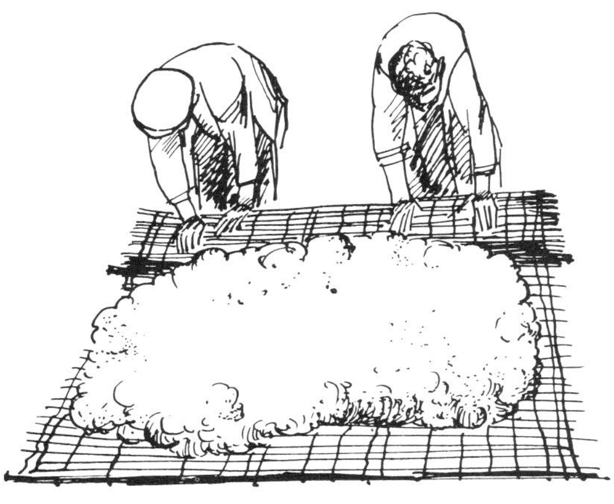

Einrollen der Wolle in einer Matte; Zentralasien (nach Gordon, 1980).

Nachdem das Eingerollte mit Seifenlauge durchtränkt ist, muß die Rolle hin- und herbewegt werden. Zwei Personen ziehen die eingerollte Matte mit der Wolle abwechselnd zu sich hin, so daß allmählich alle Wollfasern aufquellen und sich langsam verfilzen können (nach Gordon, 1980).

Rolle hin- und herbewegt werden. Kleinere eingerollte Werkstücke werden mit den Händen hin- und hergerollt, größere Rollen werden mit den Füßen bewegt und meist in Gemeinschaft mit anderen bearbeitet. Sehr große Stücke können die Menschen allein nicht mehr bewältigen. In Asien werden dazu die Pferde eingespannt, sie ziehen die großen Rollen hinter sich her wie einen Pflug – über holperige Böden. So können sehr große Filzteppiche, Zeltbahnen u.ä. geschaffen werden.

In Asien (Mongolei) werden für sehr große Stücke auch Pferde eingespannt, denn Menschen allein können diese Arbeit nicht mehr bewältigen. Die Rolle muß entsprechend lange über einen holperigen Boden gerollt, immer wieder geöffnet und in den verschiedensten Richtungen wieder neu eingerollt werden bis schließlich ein fester Filz entstanden ist (nach Gordon, 1980).

Greif und Steinbock: farbig gestalteter Filzteppich der Steppen-Nomadenkunst (nach Bidder, 1980).

Auch wir können diese Methode anwenden, wenn wir z.B. unsere Wolle in kleine Bambussets, Baumwolltücher oder alte dünne Gardinenbahnen einrollen. Für größere Teile eignen sich Grasmatten, locker gewebte Bastmatten oder Bambusrollos.

Die Rolle muß im Laufe des Prozesses mehrmals geöffnet werden, denn das Material muß des öfteren seine Lage verändern, damit es in den unterschiedlichsten Richtungen verfilzt wird. Die Rolle muß so lange in Bewegung bleiben, bis die Wolle so verfilzt ist, daß sie ihre gewünschte Festigkeit und Haltbarkeit hat.

Die angefeuchtete Wolle wird eingerollt in ein flüssigkeitsdurchlässiges Tuch, das größer sein sollte als das Material.

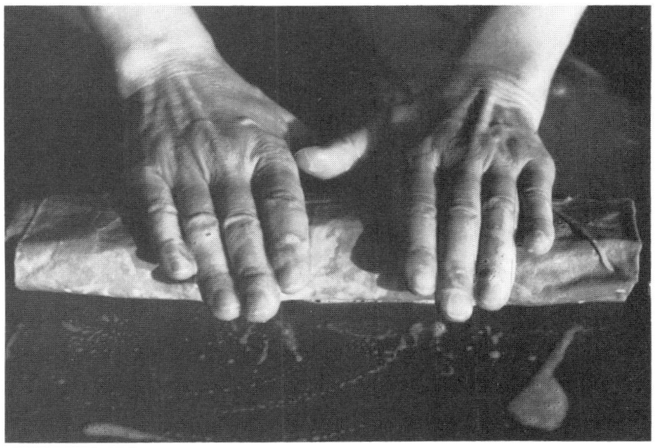

Die Rolle wird mit einer Schnur zusammengebunden und nochmals mit heißer Seifenlauge begossen. Wichtig ist, daß die Flüssigkeit durch das Material zur Wolle gelangt und ihre Wirkung tun kann.

Europäische Walk-Technik

Die Walk-Technik ist die europäische Technik, die früher auch in Deutschland angewandt wurde, aber völlig in Vergessenheit geriet. Anfang der 60er Jahre wurde sie in Skandinavien wiederentdeckt, verbreitete sich in Amerika und kam von dort wieder nach Europa – Skandinavien, Holland – und wieder zu uns nach Deutschland.

Mit der Walk-Technik können wir sowohl flächige Filze herstellen wie auch das nahtlose Filzen von Hüten, Mützen, Beuteln, Taschen und das paarweise Filzen von Schuhen, Handschuhen, Pantoffeln usw. erarbeiten.

Die genaue Vorgehensweise dieser Technik wird in diesem Buch ausführlich beschrieben.

In Finnland werden die bei dieser Technik benötigten Walkbretter aus Nadelholz angefertigt und sind ca. 50 x 20 cm groß (Smolawa-Drechsel, siehe Materialbeschaffung).

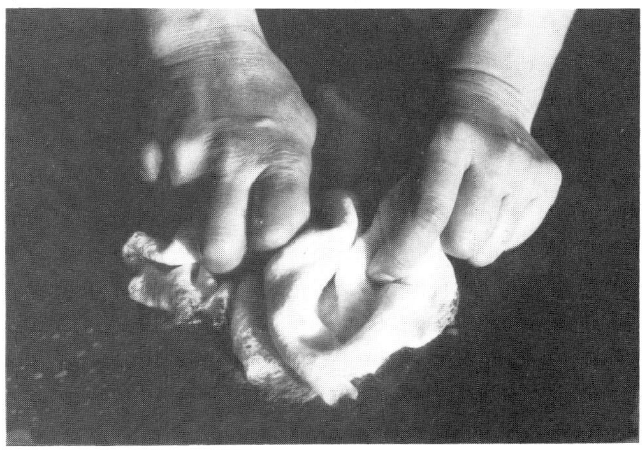

Die Rolle wird zuerst vorsichtig, später heftiger gedrückt, gerollt und geknetet.
Wenn zuviel Seifenlauge herausfließt, wird frische heiße nachgegossen.

Der Arbeitsplatz

Als Arbeitsfläche eignet sich ein alter Küchen- oder Eßtisch mit glatter Oberfläche, an dem Sie bequem sitzen können. Er sollte nicht zu klein sein, damit Sie sich richtig ausbreiten können und die notwendigen Arbeitshilfen und das Material schnell zur Hand haben.

Arbeiten Sie möglichst in einem Raum, in dem sich fließendes Wasser und ein Waschbecken befinden. Steht kein separater Keller- oder Arbeitsraum zur Verfügung, so ist am besten die Küche geeignet. In diesem Fall legen Sie als Unterlage eine Plastikfolie auf den Tisch, damit ein besonders wertvoller Tisch nicht leidet.

Wenn Sie nicht im Stehen arbeiten, sollte der Stuhl eine Ihnen angemessene Höhe haben, damit Sie bequem hantieren können.

Der Arbeitsplatz: Ein großer Tisch, auf dem die Arbeitsgeräte und die Wolle zur Hand sind und ausreichend Arbeitsfläche zur Verfügung steht. Ideal ist ein Tisch (oder eine Platte auf Böcken) mit den Maßen 1 m x 2 m.

Arbeitsgeräte

Bevor Sie mit der eigentlichen Arbeit beginnen, sollten Sie sich die folgenden Arbeitsgeräte bereitstellen:

- Kochtopf oder Rechaud
- Topf
- Gießgefäß
- (Schöpf-)Löffel oder Schneebesen
- Thermometer
- Waschbrett
- Schmierseife
- Schere
- Filzstift
- Plastikfolie
- Schwammtuch
- kleine Schüssel
- Maßband
- evtl. Handkarden oder Kardiermaschine
- Wolle

Anstelle eines Waschbrettes aus Holz, Holz mit Metall oder Holz mit einer Kunststoff-Oberseite, eignen sich auch andere Gegenstände zum Walken, z.B. eine geriffelte Fußmatte, eine Automatte (manchmal die Rückseite) aus Gummi oder Kunststoff oder die gerippte Fläche einer Spüle. Hausfrauen arbeiten am liebsten an der Spüle, da sie sich zeitlich in der Küche einmal einen "Filz-Termin" einrichten können und das Spülen an Ort und Stelle gleich anschließen können.

Handkarden – auch Wollkämme oder Handkratzen genannt – sind rechteckige Hölzer mit Griff, die auf der Oberseite mit einem dichten Metallhäkchen-Belag versehen sind. In jeder Hand eine Handkarde – damit wird flockige, verklumpte Wolle gekämmt bzw. gekardet.

Handkarden kosten pro Paar ca. DM 50,– bis 55,–. Eine Kardiermaschine erleichtert die Arbeit, die mit Handkarden wesentlich kraftaufwendiger ist, sehr. Sie ist allerdings mit rund DM 600,– recht teuer und eigentlich nur für jemanden geeignet, der ensthaft das Filzen zum ständigen Hobby machen will.

Die Wolle

Warum filzt die Wolle?

Eine Wollfaser hat einen inneren Schaft, der aus spindelförmigen Zellen gebildet wird. Die äußere Schicht der Faser bildet die spiralförmige Anordnung von unzähligen kleinen Schuppen. Längere, kräftige und glatte Wollfasern haben große, flach anliegende Schuppen in geringerer Zahl als feinere Wollfasern. Diese grobe Wolle ergibt eine grobe Filzstruktur, die Eigenschaft zum Filzen ist nicht gut ausgeprägt.

Wollfaser mit anliegenden Schuppen.

Feinere Wolle, die gekräuselt ist und eine größere Anzahl von Schuppen um den Schaft aufweist filzt besser.

Wollfaser mit sich abspreizenden Schuppen.

Also: Je stärker die Kräuselung und je größer die Anzahl der Schuppen, umso besser ist die Fähigkeit zum guten Filzen.

Als Wolle bezeichnet man nur die Haare von Schafen. Beim Schafsfell zeigen die Schuppen von der Wurzel zur Spitze hin in gleicher Richtung und haben die Aufgabe, Schmutz und Fremdkörper von der Haut der Tiere fernzuhalten, das Tier also zu schützen. Sind die Fasern geschoren, sortiert und gekämmt oder gezupft, so haben sich die Faserrichtungen verändert und somit auch die Richtungen der Schuppen. Sie laufen mal von oben nach unten, mal von unten nach oben. Und das ist sehr wichtig. Nur in diesem Zustand können sich die Fasern später miteinander verhaken, nachdem sie sich vom Schaft abgespreizt haben.

Bei einem Schaf jedoch, das im Regen steht, können sich die Haare nicht verfilzen, denn die Schuppen zeigen von der Wurzel zur Spitze in gleicher Richtung und sind keiner manuellen Bewegung ausgesetzt.

Um das zu erreichen, ist der Einfluß von vier Faktoren, die auf die Wollfasern wirken, wichtig. – Nämlich Feuchtigkeit, Wärme, Bewegung und Abkühlung.

Filzvermögen unterschiedlicher Wollsorten

Zum Filzen eigent sich aufgrund der spezifischen Struktur also nur Wolle, die je nach Schafrasse unterschiedlich gut verfilzt. Verwenden Sie aber immer Wolle, die sowohl aus längeren wie auch aus kürzeren Haaren besteht. Gekräuselte feine Wolle ergibt einen weichen gleichmäßigen Filz, grobe und langhaarige Wolle einen gröberen.

Andere Tierfasern wie Mohair, Kamelhaar, Alpaca, Kaninchen- oder Biberhaar, Hunde- und Katzen-

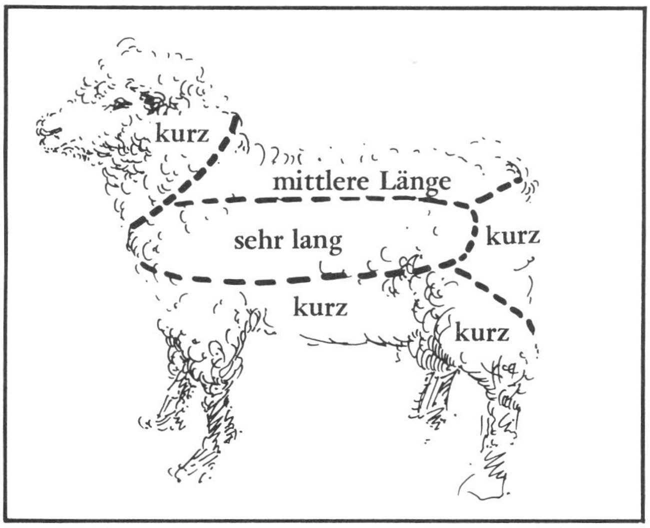

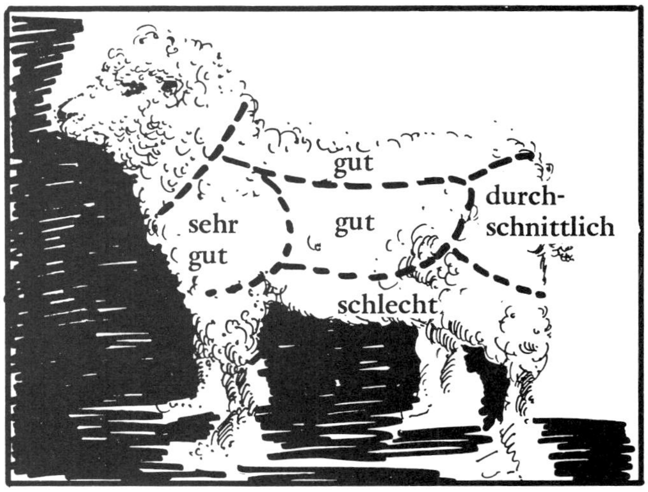

Die beste Wolle zum Filzen hat das Schaf auf den Schultern, denn dort ist die Wollfaser lang und sauber. Aber auch an den Seiten und auf dem Rücken befindet sich geeignete Wolle. Anfänger mischen möglichst lange und kurze Fasern, denn damit erreichen sie immer ein gutes Ergebnis.

haare haben je nach Rasse nur teilweise mittelmäßige Filzeigenschaften. Sie können aber mit Schafwolle vermischt einen reizvollen Filz ergeben. Nehmen Sie zu derartigen Mischungen aber mindestens 50% Schafwolle.

Die meisten Fasern filzen jedoch nicht, da sie glatt und ohne Schuppenstruktur sind.

Wählen Sie später – wenn Sie Erfahrungen gesammelt haben – die Wolle nach der Beschaffenheit aus, die das Endprodukt haben soll.

Für alle Wollsorten gilt: Stellen Sie zuerst ein Probeläppchen her, um die Filzeigenschaften der jeweiligen Wolle kennenzulernen, denn Struktur, Weichheit und Schrumpfung können sehr unterschiedlich sein.

Ich empfehle Ihnen, eine Kartei anzulegen, in der Sie die wichtigsten Daten festhalten, z.B.:

- Schafrasse
- Schafschur (Jahr)
- Kaufquelle
- Filzbarkeit und -dauer
- Walkdauer
- Festigkeit
- Schrumpfung

Aber wundern Sie sich bitte nicht, wenn Sie vielleicht nur ein Jahr später mit der Wolle der gleichen Schafrasse zu anderen Ergebnissen kommen. Die Woll- bzw. Filzqualität hängt u.a. auch von dem Jahresklima und der Qualität der Nahrung ab, die die Schafe fressen.

Beim Filz- und Walkprozeß unterscheidet sich Wolle von verschiedenen Schafrassen in der Dauer oft ganz beträchtlich. Ein Beispiel: Neuseeländische Wolle benötigt zum Filzen die gleiche Zeit wie Merinowolle, läßt sich aber schneller walken, während Leine- und Eiderwolle die gleiche Walkzeit haben, sich aber beim Filzvorgang stark unterscheiden.

Wolle-Bezeichnungen im Handel

Rohwolle (Schweißwolle)

Als Rohwolle wird die abgeschorene Wolle bezeichnet, die noch nicht gereinigt ist. Sie enthält also noch das Wollfett und Schmutzteilchen.

Kennen Sie einen Schäfer oder besitzen Sie gar ein eigenes Schaf, so ist dies der einfachste Weg, bequem und preiswert an Rohwolle zu kommen.

Freundliche Schäfer sortieren Ihnen diese Wolle nach Partien vor, wenn Sie ihn Ihre Wünsche rechtzeitig wissen lassen. Beachten Sie, daß meist nur einmal im Jahr geschoren wird, und zwar in der ersten Maiwoche, manchmal auch erst etwas später (nach den Eisheiligen). Vergessen Sie diesen Termin nicht! Ein paar Tage später hat der Schäfer

Rohwolle

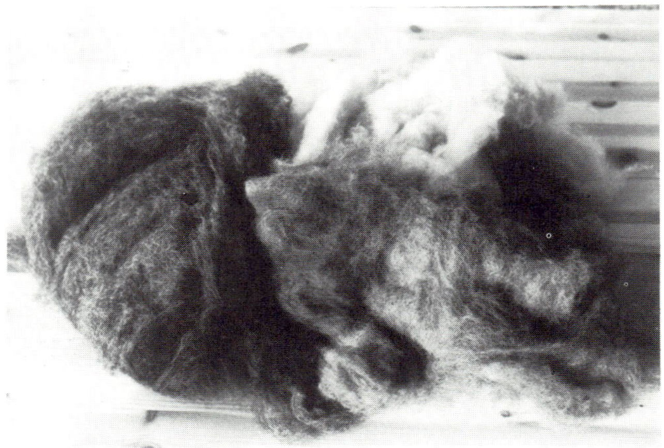

Fette, kardierte (gekämmte) Wolle.

wahrscheinlich seine gefüllten Wollsäcke zur Deutschen Wollverwertung nach Neu-Ulm geschickt, und Sie müssen ein ganzes Jahr auf eine solche gute Gelegenheit warten.

Die Preise für Rohwolle – ungewaschen, wie sie vom Schäfer kommt – liegen zwischen DM 6,– und DM 10,– das Kilo.

Fette, kardierte (gekämmte) Wolle (Schweißwolle gekämmt)

Bei fetter, kardierter Wolle handelt es sich um ungewaschene Rohwolle, die bereits kardiert ist. Diese Wolle eignet sich sehr gut zum Filzen, da sie ebenfalls noch das natürliche Fett (Lanolin) enthält. Es empfiehlt sich manchmal jedoch, die Wolle noch einmal zu kardieren, wenn sie zu stark zusammengedrückt und verklebt ist.

Fette, kardierte Wolle kann man bei folgenden Firmen beziehen (Anschriften siehe Kapitel "Materialbeschaffung"):

– Geo-Kreativ – ab 5 kg
– Axel Seehawer – ab 10 kg
– Deutsche Wollverwertung – ab 2 kg
– Frederike Schlee-Seiz – ab 2 kg
– Siegfried Traub – ab 1 kg
– Firma Tausch – ab 1 kg

Sie müssen mit einem Preis von DM 25,– bis 30,– inkl. Mehrwertsteuer, Porto und Verpackung rechnen.

Eine andere Möglichkeit, preiswert an geeignete Filzwolle zu kommen, ist: Rohwolle vom Schäfer zu kaufen und sich eine Textilwerkstatt in der näheren Umgebung zu suchen, die eine große elektrische Kardiermaschine hat. Manchmal haben sich Schäfer oder Privatpersonen, die Schafe halten, bereits selbst eine große Kardiermaschine angeschafft. Ein wenig herumfragen und herumfahren lohnt sich immer, um die neuesten Informationen zu bekommen.

Wolle in der Flocke

Wolle in der Flocke ist selbstgewaschene (und getrocknete) oder fabrikgewaschene Wolle. Die fabrikgewaschene Wolle hat oft nicht mehr genug Fett, um das Gleiten der Faser und das Abspreizen der Schuppen zu bewirken.

Fettfreie Wolle ist entweder fabrikgewaschen, alt oder derart ausgetrocknet, daß ein Filzen nur sehr schwer möglich ist. Manchmal hilft ein Zusatz von Fett.

Es kann aber auch vorkommen, daß der Haarschaft zerstört ist und somit die Schuppen nicht mehr in der Lage sind, sich vom Haarschaft abzuspreizen bzw. die Schuppenschicht ist zerstört, die Elastizität; die zum Filzen eine wichtige Voraussetzung ist, ist beeinträchtigt oder zerstört.

Wenn Sie einem Liter kochendes Wasser 2 bis 3 Eßlöffel Lanolin beimischen (das Lanolin muß sich ganz auflösen!) und damit Ihre Wolle partieweise einreiben, verteilt sich das Lanolin beim Kardieren sehr gut über die Wolle und kann zum Filzen verwendet werden.

Wolle in der Flocke.

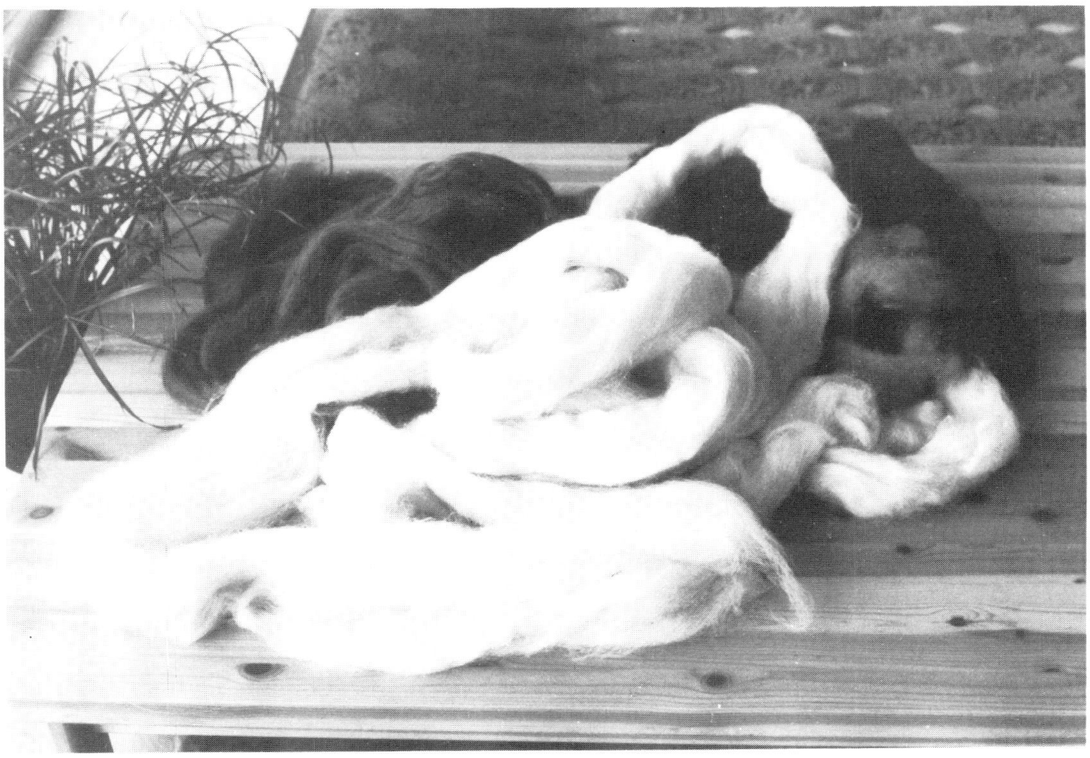

Wolle im Kardenband.

Wolle im Kardenband (Krempelband)

Wolle – im Handel als Kardenband bezeichnet – ist fabrikgewaschen und in Maschinen zu einem Band kardiert worden.

Für angehende Filzer und Filzerinnen, die weder eine Kardiermaschine noch Handkarden besitzen, ist Wolle im Kardenband gut geeignet, da sie leicht ohne Vorbereitungen zu verarbeiten ist.

Allerdings enthält diese Wolle meist zu wenig Fett und sollte wie oben mit Lanolin behandelt werden, bevor sie verarbeitet wird.

Wolle im Kardenband kann man in manchen Handarbeitsläden bekommen, in denen Naturwolle, Spinn- und Webgeräte verkauft werden – manchmal auch in Alternativläden oder anthroposophischen Waldorfläden. Auf jeden Fall aber bei den obengenannten Adressen.

Kardierte Woll-Vliese

Die ideale Filzwolle für Anfänger und Fortgeschrittene ohne Kardiermaschine sind die gleichmäßig kardierten Woll-Vliese.

Diese Vliese sind in Lagen von ca. 150 x 200 cm in verschiedenen Naturtönen von Rohweiß bis Schwarzbraun zu bekommen und so gut gekämmt, daß sie ohne Vorbereitung verarbeitet werden können.

Die ebenfalls angebotenen gefärbten Wollen (Woll-Vliese) sollten Sie nicht verwenden, denn die Fasern wurden durch das Färben beschädigt – sie verfilzen sehr schlecht. Vermischt mit den ungefärbten Wollen können jedoch gute Filzergebnisse erzielt werden.

Lassen Sie sich aber nicht von Experimenten abhalten, wenn Ihnen gesagt wird, daß auch gefärbte Wolle sehr gut filzen kann, denn die Entwicklung geht weiter und neue Färbeverfahren werden vielleicht faserschonend sein. Es kommt also immer erst auf einen Versuch an, bevor wir uns eine eigene Meinung bilden können.

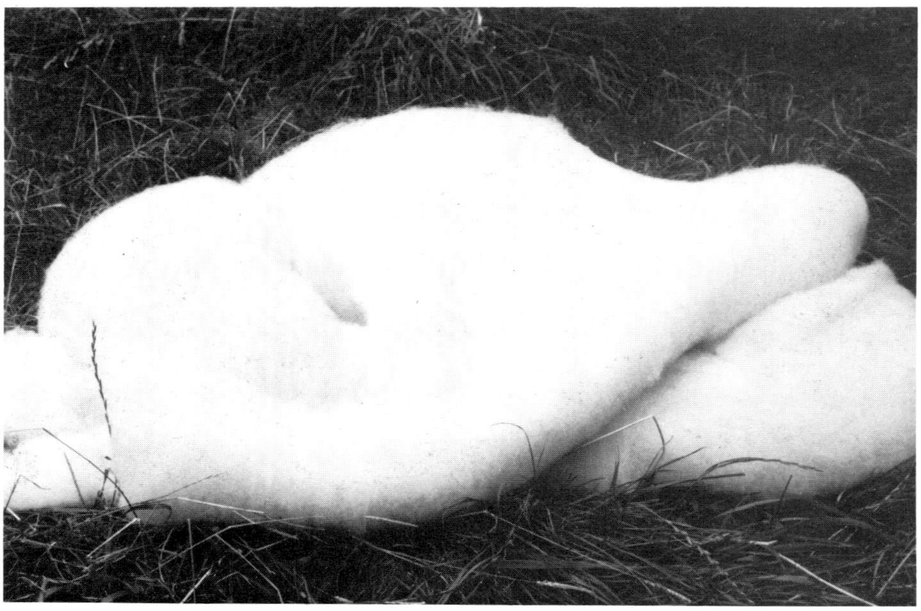

Woll-Vlies (kardiert).

Kardierte Woll-Vliese sind zu bekommen bei:
– Geo-Kreativ
– Axel Seehawer
– Deutsche Wollverwertung
– Firma Tausch

und bei Schäfern, die Schafe und eine große Kardiermaschine haben, manchmal auch in Textilwerkstätten.

Flächige Filze

Der gesamte Arbeitsprozeß des Filzens kann untergliedert werden in vier Arbeitsgänge:
- Vorbereitung der Wolle
- Filzen
- Walken
- Formen

Das Probeläppchen

Vorbereitung der Wolle

Für das erste Probeläppchen braucht man nur wenig Wolle, da es nicht größer als 15 x 15 cm werdern soll. Es genügt, die Wolle mit der Hand locker zu zupfen und zwar so, daß die Fasern in einer Richtung liegen. (Das Vorbereiten der Wolle mit Hilfsmitteln wie Handkarden und Kardiermaschine wird genau beschrieben in der Arbeitsanleitung zur Herstellung eines Filzbeutels.) Legen Sie zuerst eine Wollschicht zurecht, die ca. 20 x 20 cm groß ist, die Fasern parallel zueinander liegend. Darauf legen Sie nun quer zur ersten Schicht eine zweite vorbereitete Faserschicht.

Wie viele Schichten Sie übereinanderlegen, hängt davon ab, wie dick der Filz werden soll.

Es müssen aber immer mindestens zwei Schichten übereinanderliegen, sonst können sich die Wollschuppen nicht gut ineinander verhaken.

Achten Sie immer darauf, daß die Lagen gleichmäßig sind und daß keine dicken Stellen, Knötchen oder zu dünne Stellen vorhanden sind. Hier könnten später Verdickungen oder Löcher entstehen, die störend sind.

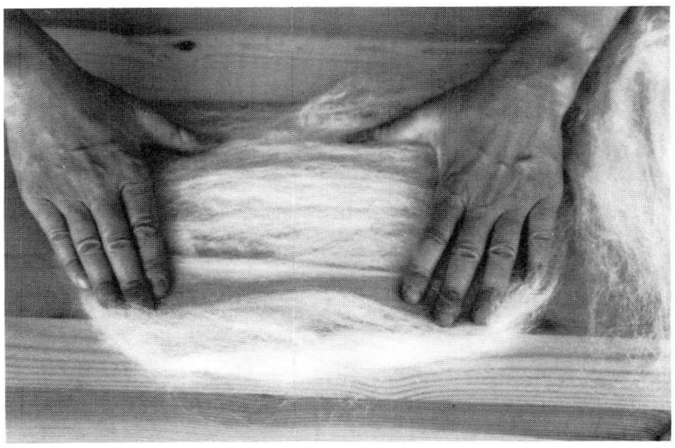

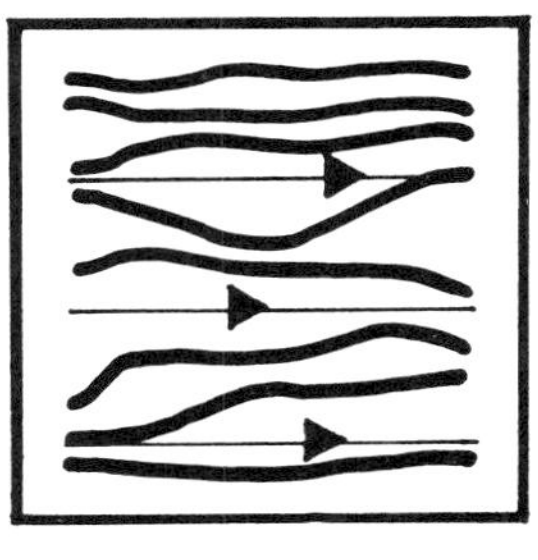

Erste Wollage: Fasern liegen parallel zueinander.

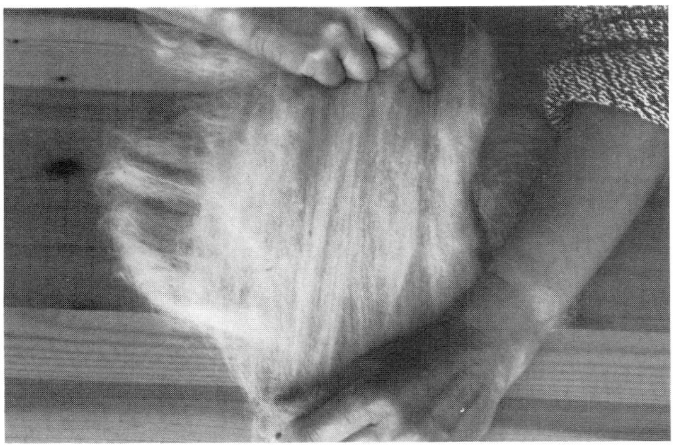

Zweite Wollage: Faserschicht quer zur ersten Schicht.

Test

Pressen Sie die Wolle fest mit beiden Handflächen auf den Tisch, damit sich die Wollmenge schon etwas zusammendrückt und heben Sie das Material vorsichtig hoch, so daß das Licht hindurchscheinen kann. Dicke und dünne Partien sind so sehr gut sichtbar, und Sie können nun an den entsprechenden Stellen etwas Wolle wegnehmen bzw. dazugeben (zusätzliche Wolle zwischen die beiden Schichten legen).

Hier sind noch deutlich Löcher zu sehen; es muß also noch weitergefilzt werden.

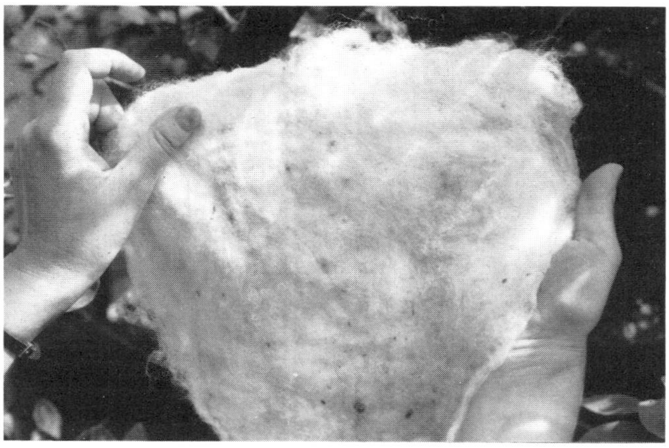

Dieses gefilzte Teil hat keine Löcher und durchscheinenden dünnen Stellen mehr; es kann jetzt gewalkt werden.

Filzen

Für den eigentlichen Filzvorgang sind Feuchtigkeit, Wärme und Bewegung notwendig.

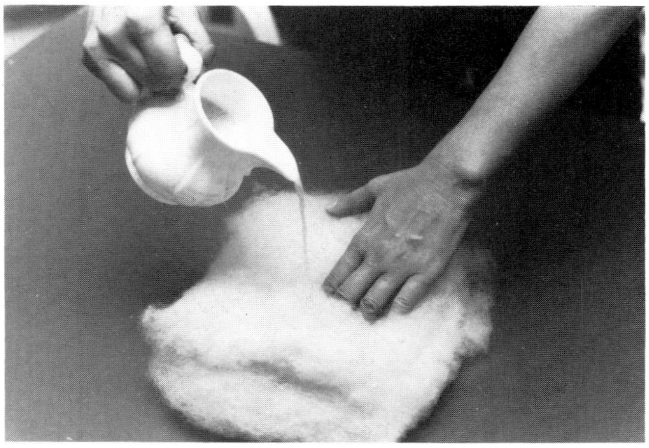

Die heiße Seifenlauge wird nach und nach auf die in Schichten liegende Wolle gegossen.

Erhitzen Sie 1/2 Liter Wasser auf ca. 50 bis 55 °C und lösen Sie darin einen Teelöffel Schmierseife (auf 1 Liter einen Eßlöffel). Diese heiße Seifenlauge wird nach und nach auf die vorbereitete Wolle gegeben. Durch die Wärme und Feuchtigkeit beginnen die Wollfasern zu quellen; die vielen kleinen Schuppen stellen sich vom Faserschaft ab.

Drücken Sie die Wolle sanft flach. Dabei kreisen Sie zuerst nur mit den Fingerspitzen vorsichtig von innen nach außen und verteilen die Flüssigkeit. Wenn sich ein fester weißer Seifenschaum bildet, dann machen Sie es richtig. Geben Sie insgesamt nur so viel Lauge dazu bis alles gut feucht ist, aber nicht so viel, daß das Wasser neben der Wolle

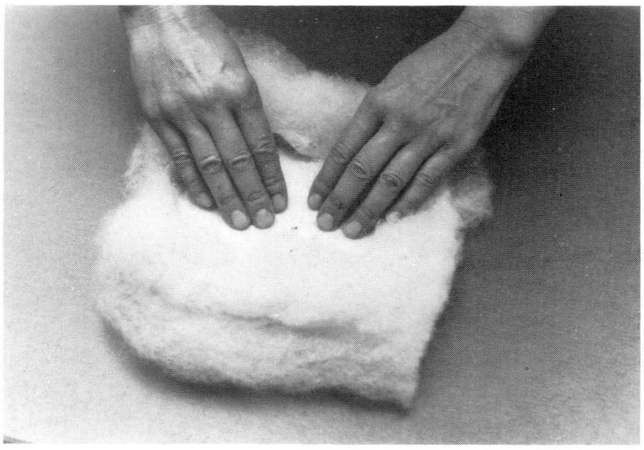

Die Wollfasern werden anschließend sanft heruntergedrückt.

Durch Lauge, Wärme, Druck und leichte Kreisbewegungen mit den Fingerspitzen quellen die Wollfasern auf und verändern ihre Lage.

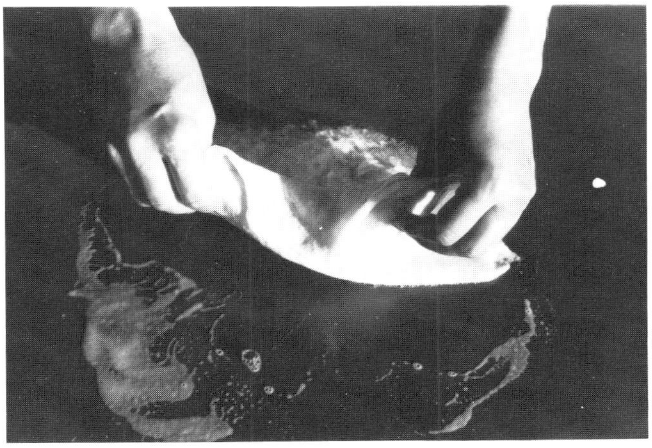

Durch wiederholtes Wenden und Weiterfilzen verhaken, krümmen und strecken sich die Wollfasern – sie verfilzen.

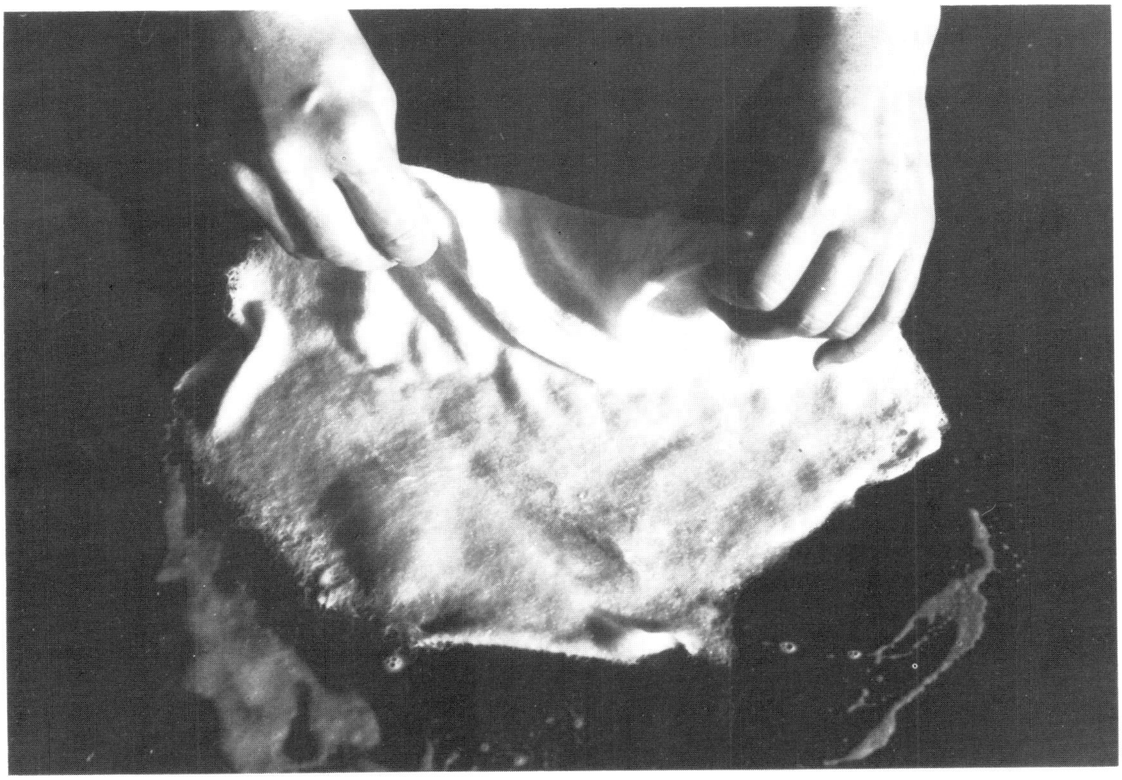

Die Wolle wird vorsichtig angehoben, gewendet und weitergefilzt.

herausfließt und setzen Sie die kreisenden Bewegungen geduldig fort.

Reiben Sie allmählich kräftiger und drehen Sie nach ca. 10 Minuten das Läppchen vorsichtig um. Filzen Sie nun auf dieser Seite genauso. Zuerst sanft und dann kräftiger. Überschüssige kalte Lauge drücken Sie vorsichtig aus und geben noch einmal frische heiße Lauge hinzu.

Zum Schluß wird die überschüssige kalte Lauge ausgedrückt.

Durch die kreisenden Bewegungen der Finger und Hände wird Reibung erzeugt. Die Fasern bewegen sich in unterschiedliche Richtungen. Die Schuppen beginnen sich ineinander zu verhaken. Sie schieben sich ineinander und umeinander und verdichten sich immer mehr, sie verfilzen. Beobachten Sie genau, ob der Filz schon fester und enger wird.

Test

Testen Sie Ihren Filz, indem Sie die Fasern mit Daumen und Zeigefinger an verschiedenen Stellen hochheben. Wenn die Fasern noch einzeln hochgehoben werden können, filzen Sie noch eine Weile weiter. Löst sich beim Anheben jedoch der ganze Filz vom Untergrund, kann der nächste Arbeitsgang erfolgen.

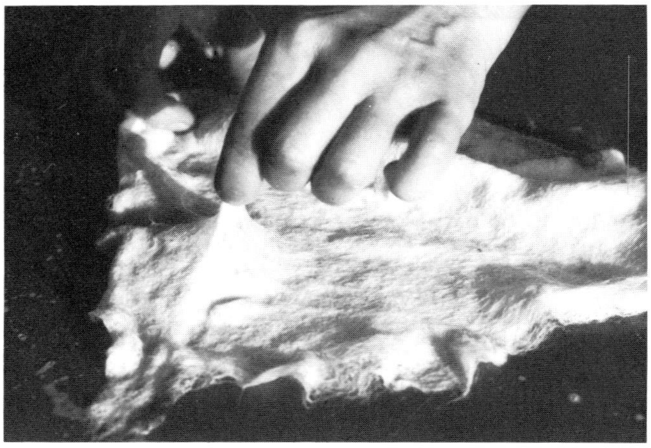

Die Fasern haften noch nicht genug zusammen. Filzen Sie weiter.

Die Fasern sind gut miteinander verfilzt.

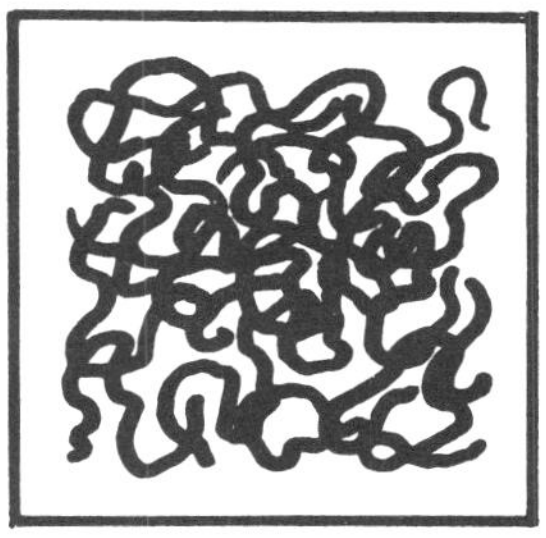

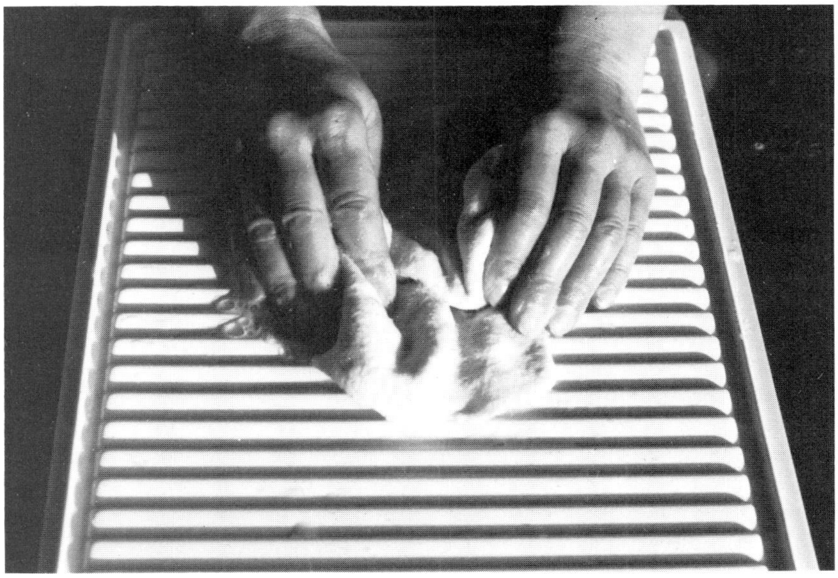

Bei beginnender Abkühlung der Lauge schließen sich die Schuppen wieder. Dadurch und durch das Walken wird der Filz immer dichter und fester – er schrumpft.

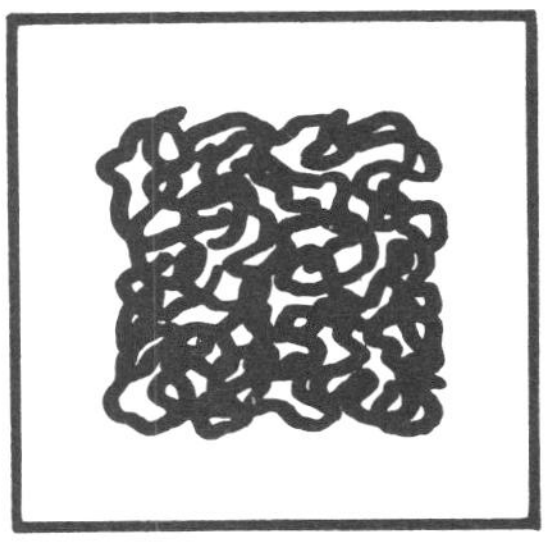

Nach dem letzten Walken und Spülen erreicht der Filz die engste Verfilzung, die nicht mehr entfilzbar ist.

Walken und Spülen

Walken* in der Textiltechnik: Bezeichnung für das mechanische Bearbeiten von Wollstoffen unter Druck, Wärme und Feuchtigkeit, bei dem es infolge der speziellen Oberflächenstruktur der Wollfasern und infolge der mechanischen Verdichtung der Faserschicht zu einem Verfilzen der Gewebe kommt. Durch das Walken erhalten die Wollstoffe ein geschlossenes Aussehen und erhöhte Festigkeit.

* Aus Meyers Großes Lexikon, Stichwort "Walken".

Beim Walken wird das Läppchen in beide Hände genommen und auf einem Waschbrett, auf einer gerippten Spüle oder auf einer gerillten Gummimatte (evtl. Rückseite einer Automatte) gepreßt und gerubbelt, damit es sich verdichtet und die Oberfläche verfilzt. Zuerst sollte das vorsichtig geschehen, später können die Walkbewegungen kräftiger werden. Dabei sollte der Filz zwischendurch immer wieder auseinandergebreitet werden, um Form und Festigkeit zu prüfen und ggf. die Walkrichtung zu ändern. Der Filz wird immer in der Richtung enger, in der er gewalkt wird.

Nur wenn viel Flüssigkeit aus dem Werkstück herausfließt und es trocken wird, d.h. wenn die Gleitfähigkeit gemindert ist, müssen Sie etwas heiße Seifenlauge neu hinzugeben. Da jede Wolle immer wieder anders reagiert, gibt es keine ganz festen Regeln.

Nachdem das Läppchen eine gewisse Festigkeit hat – und zwar die Festigkeit, die Sie wünschen – wird es unter handwarmem Wasser ausgespült. Wenn Sie unter kaltem Wasser spülen, wird der Filz noch einmal kleiner. Probieren Sie an mehreren Probeläppchen verschiedene Spültemperaturen aus, experimentieren Sie.

Formen

Sobald die Seifenlauge gut ausgespült ist, können Sie den Filz in Form ziehen, dehnen, drücken und pressen und anschließend trocknen lassen. Dies geschieht liegend, hängend, aufgestülpt – je nach Form des Werkstücks – , auf jeden Fall luftig und niemals in der Sonne.

Nahtlose Filze

Während für das Filzen von flachen Stücken wie Probeläppchen, Bilder, Sets, Gürtel, Täschchen nicht unbedingt eine Folie benötigt wird, müssen für geformte Gegenstände (Hohlformen) wie Hüte, Mützen, Lampenschirme, Eier- und Kaffeewärmer und Beutel unbedingt Musterfolien benutzt werden.

Diese Folie befindet sich während des Arbeitens in der Mitte des Werkstücks und verhindert, daß die beiden äußeren Wollagen zusammenfilzen. Ist die Wolle rund um die Folie – auch an den Rändern – verfilzt, wird die Folie entfernt.

Lampenschirm mit glattem Rand.

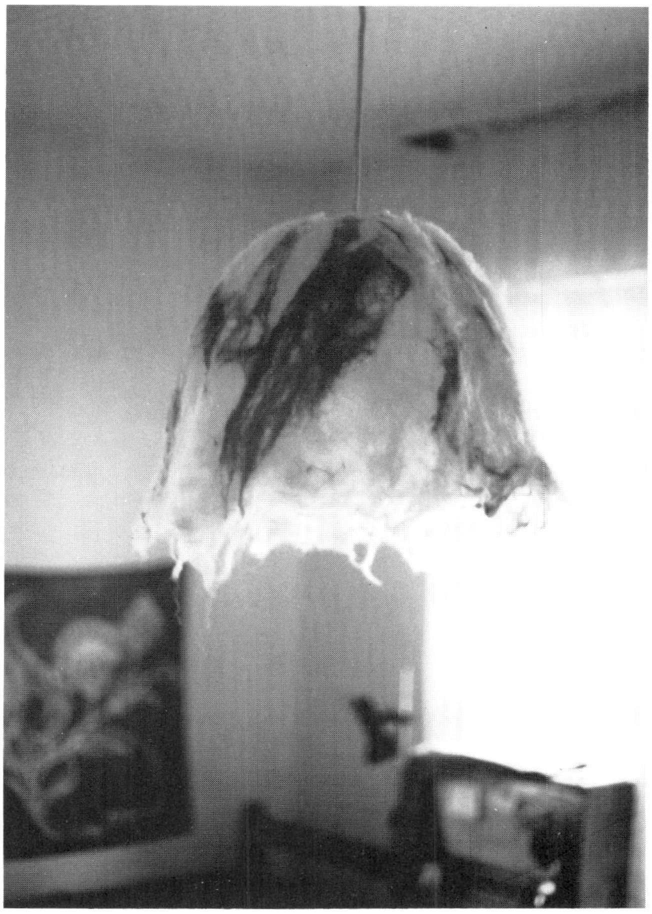

Lampenschirm mit ausgefranstem Rand.
Den Schnitt stellt man individuell nach dem Lampenschirmgestell her.

Es gibt zwei Möglichkeiten, Öffnungen zu arbeiten:

- Entweder, Sie lassen die Wolle während des Arbeitsprozesses am geöffneten Rand ausgefranst natürlich verlaufen oder
- Sie schlagen die Fasern an der späteren Öffnung nach beiden Seiten ein und schneiden erst später entlang dieser Linie ein.

Die erste Art ergibt einen Charakter auslaufend wie Fell, zottig, faserig, die zweite Art ist korrekt, gerade und scharfkantig.

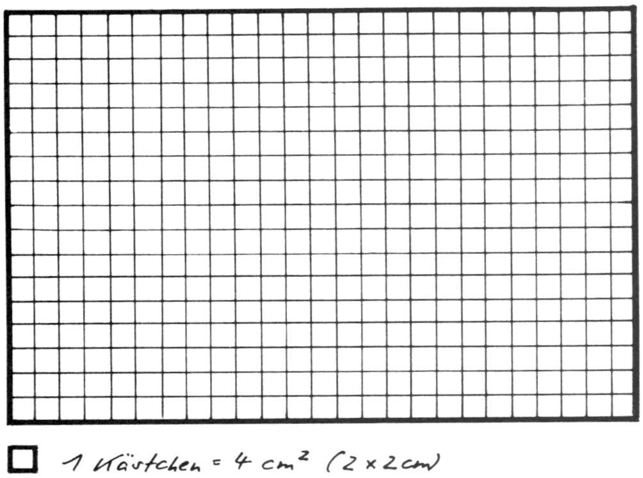

Rasterpapier als Grundlage für Schnittmuster.

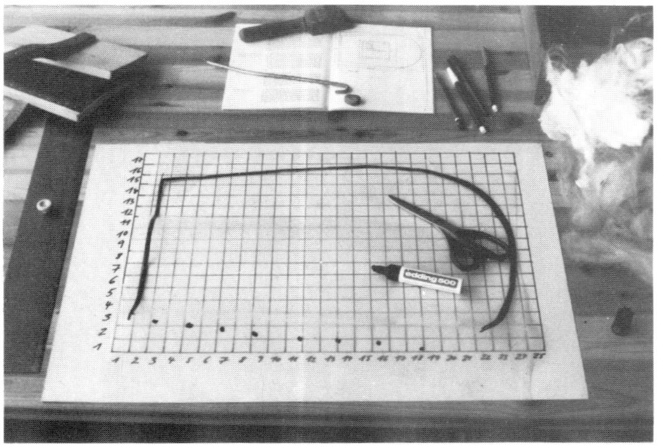

Durchsichtige Folie auf das Rasterpapier legen und die Markierungspunkte entsprechend dem verkleinerten Schnitt abtragen. Punkte zur Linie verbinden.

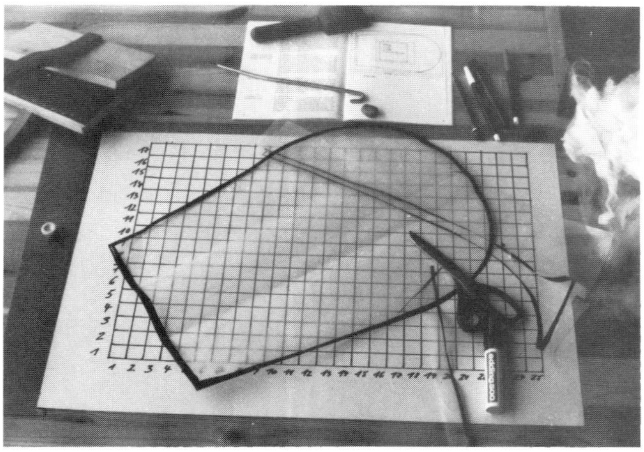

Folie ausschneiden. Dieses ist die Originalgröße – Ihr Schnitt.

Das Anfertigen der Schnitte

Zeichnen Sie sich ein 34 x 50 cm großes Raster mit 2 cm großen Kästchen auf einen Bogen Papier (es kann Packpapier oder Zeitungspapier sein). Numerieren Sie die Kästchen an zwei Außenkanten.

Dieser Rasterbogen wird für alle in diesem Buch gezeigten Schnitte verwendet.

Legen Sie nun eine durchsichtige Folie auf das Rasterpapier. Sehen Sie sich den verkleinerten Schnitt im Buch an und schauen Sie, an welchen Linien und Schnittpunkten die Schnittlinie das Raster berührt bzw. schneidet und markieren Sie diese.

Es kann hilfreich sein, wenn Sie die Kästchen des kleinen Schnittes ebenfalls mit Zahlen bezeichnen. Verbinden Sie die markierten Punkte zu einer Linie und fertig ist Ihr Schnitt.

Haben Sie keine Bedenken wegen der Genauigkeit. Es kommt nicht auf den Millimeter an.

Schnitte für Werkstück-Paare

Beim Herstellen von paarweisen Schnitten benötigen Sie die doppelte der in der Zeichnung sichtbaren Größe. Falten Sie deshalb Ihre Folie und tragen Sie die entsprechende Form ab.

Gearbeitet wird mit der aufgeklappten Schnittfolie, so daß Sie gleich ein Paar Schuhe oder ein Paar Handschuhe erhalten. Diese Technik erleichtert Ihnen nämlich das Filzen sehr, spart Wolle und ergibt zwei gleichmäßige Teile.

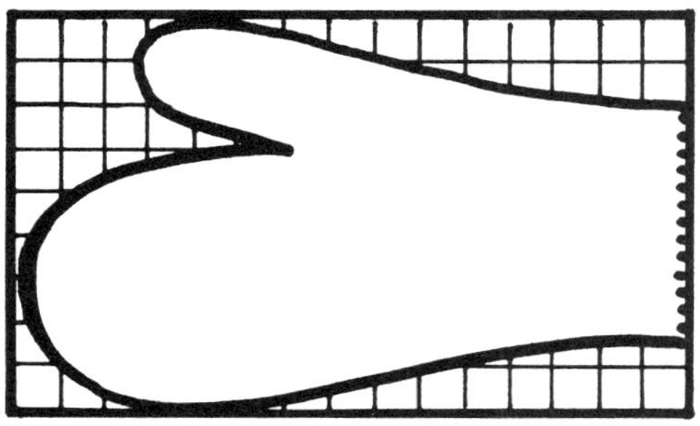

Handschuhschnitt: Die Folie wird an der gepunkteten Linie gefaltet (Mitte) und später aufgeklappt.

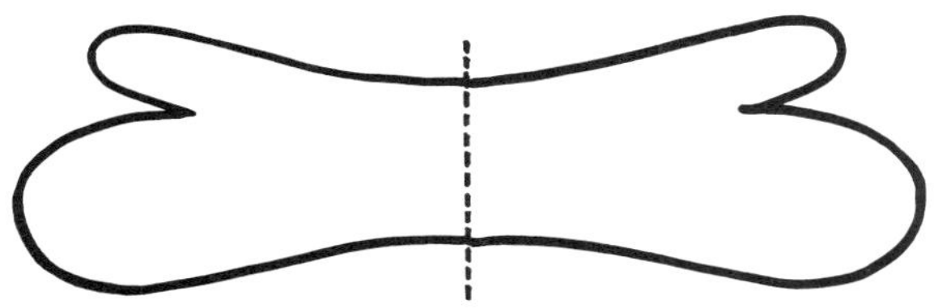

Aufgeklappte Schnittfolie zum Arbeiten eines Paares.

Für die Herstellung der Pantoffeln stellen Sie sich einen großen Schnitt her und zusätzlich ein Schnittmuster für einen Pantoffel (die genaue Anleitung siehe Abschnitt "Paarweise Filzen).

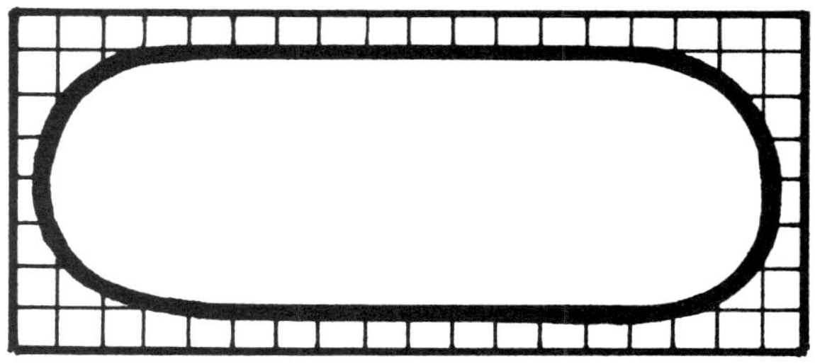

Pantoffel-Doppelschnitt für ein Paar Pantoffeln.

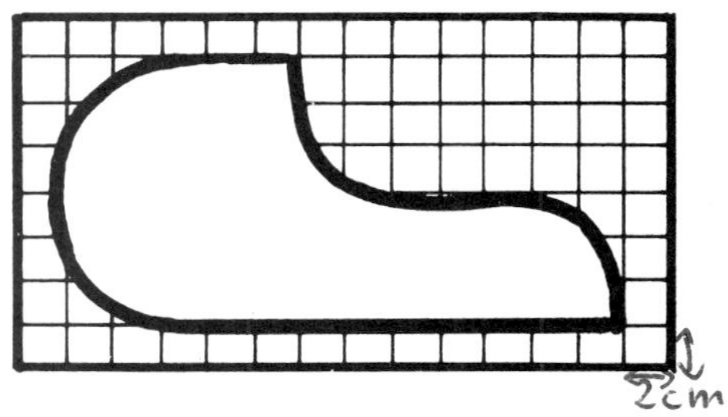

Pantoffelschnitt für einen einzelnen Pantoffel als Hilfe für den Schnittverlauf des Doppelschnittes.

Wenn Sie sich selbst einen Schnitt entwerfen möchten und keine Erfahrung haben, so denken Sie daran, daß die Schnittfolie ca. 25 bis 30% größer sein sollte als das gewünschte Werkstück. Machen Sie vorher möglichst mehrere Probeläppchen mit dem Material, das Sie verwenden werden und notieren Sie sich den Schwund.

Arbeitsanleitung Beutel

Vorbereitung der Wolle

Die Wolle, die Sie benutzen möchten, sollte möglichst ungewaschen, aber sauber sein. Ist sie sehr schmutzig, so legen Sie sie ein paar Stunden (evtl. über Nacht) in reichlich handwarmes Wasser. Bewegen Sie die Wolle nicht! Legen Sie sie anschließend vorsichtig auf einen Rost oder ein Gestell (es eignen sich ein kleines Gestell zum Wäschetrocknen, ein Rost aus dem Backofen oder aus dem Kühlschrank) und lassen Sie das Wasser abtropfen.

Die Wolle muß trocken sein, bevor Sie mit dem Kardieren beginnen.

Testen Sie Ihre Wolle. Sie sollte sich fett anfühlen, also das natürliche Wollfett (Lanolin) enthalten. Ist die Wolle fettfrei, so versäumen Sie nicht, ihr dieses Fett nachträglich zuzusetzen.

Fettarme Wolle filzt schlecht, fettfreie Wolle überhaupt nicht!

Nehmen Sie in diesem Fall 1 Teelöffel Lanolin, das Sie auf Ihren Handflächen verteilen, und benetzen Sie möglichst gleichmäßig partienweise die Wolle. Das Wollfett wird sich beim nächsten Arbeitsgang noch besser verteilen.

Kardieren

Kardieren mit Handkarden

Nehmen Sie eine Handkarde in die linke Hand (Linkshänder arbeiten spiegelbildlich), so daß die Rückseite auf dem Unterarm liegt und die Häkchen in Richtung Finger zeigen. Nun legen Sie etwas auseinandergezupfte Wolle auf diese Karde. Mit der anderen Karde, die Sie in der rechten Hand halten, ziehen Sie die Wolle vorsichtig von oben nach unten in Richtung Körper bis sich die Wollfasern allmählich in eine Richtung parallel legen. Die Fasern befinden sich jetzt auf der rechten Karde. Mit einer Drehbewegung bringen Sie die Fasern wieder auf die linke Karde und wiederholen den obigen Vorgang so oft, bis die Wolle ganz aufgelockert und flauschig ist. Nun hebt die rechte Karde in Gegenbewegung (von unten nach oben) die Wolle von der linken Karde.

Theoretisch könnte man die Karde auch einfach auswechseln. Praktischer ist es aber nicht. Natürlich – feste Regeln gibt es nicht. Jeder sollte das für sich selbst Einfachste tun.

Kardieren Sie auf diese Weise so viel Wolle, wie Sie für Ihr Werkstück benötigen.

Etwas Wolle auf der linken Karde verteilen.

Mit der rechten Karde in die Wolle haken und von oben nach unten auseinanderziehen. Diesen Vorgang mehrmals wiederholen, bis sich die Wolle auf der rechten Handkarde befindet.

Nun mit der linken Karde das Material von der rechten Karde abstreifen. Nach mehrmaligem Karden wird die Wolle gut aufgelockert sein und sich leicht verarbeiten lassen.

Wollfasern werden in die Kardiermaschine gegeben und gedreht.

Durchtrennen des Materials an den Nahtstellen der großen Walze mit Hilfe eines Metallstabes.

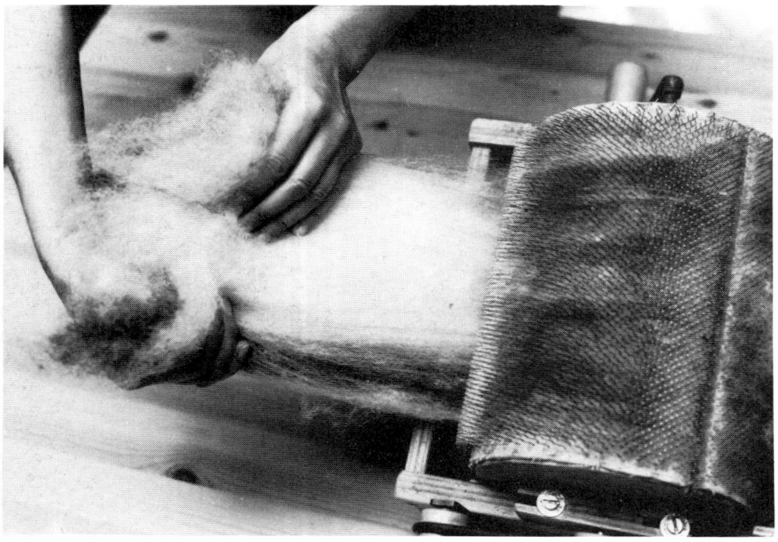

Abziehen des Woll-Vlieses von der Walze.

Kardieren mit der Kardiermaschine

Haben Sie eine Kardiermaschine, so können Sie mit wesentlich weniger Kraftaufwand und einem wesentlich besseren Ergebnis arbeiten, denn Sie bekommen ein größeres und gleichmäßigeres Wollvlies.

Zunächst wird etwas Wolle auf das Einführungsbrett der Kardiermaschine gelegt und die Walze gedreht; nach und nach Wolle nachgeben, bis die große Walze nach dem Drehen voll ist. Es darf nicht zu viel Wolle auf die Walzen gelangen, da sich sonst die Häkchen verbiegen. Richtig haben Sie es gemacht, wenn sich die Maschine noch leicht bedienen läßt und sich noch gut dreht.

Nun durchtrennen Sie mit dem Metallstab an der Nahtstelle der großen Walze das Material und nehmen es mit beiden Händen ab. Sie haben jetzt Ihre erste Faserlage.

Auf der kleinen Walze werden sich kurze Fasern ansammeln, die Sie nicht unbedingt jedesmal entfernen müssen. Werfen Sie diese Wollflöckchen nicht weg. Mit glatter Wolle versponnen, kann es ein ausgefallenes Effektgarn ergeben.

Steht Ihnen Wolle im Band kardiert (Kardenband) zur Verfügung, so entfällt natürlich das Kardieren. Dieses Kardenband wird mit der Hand nur etwas auseinandergezupft, damit es locker wird.

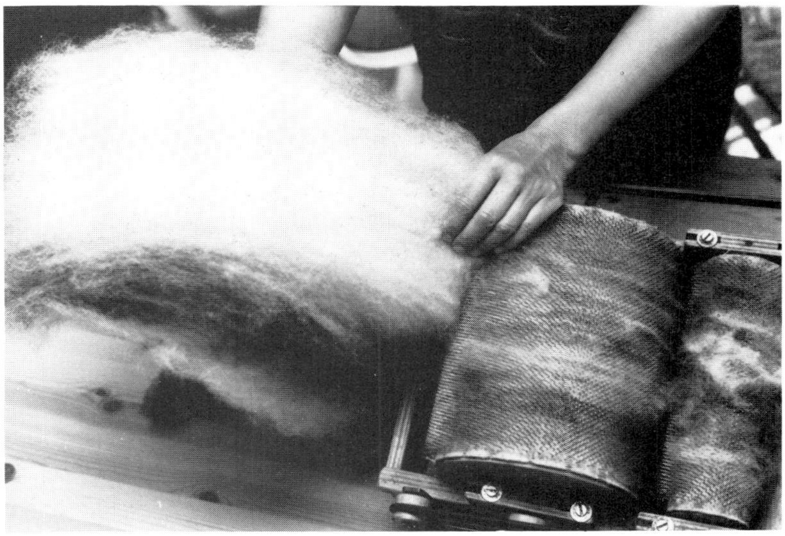

Die kardierte Wolle ist fertig zum Filzen.

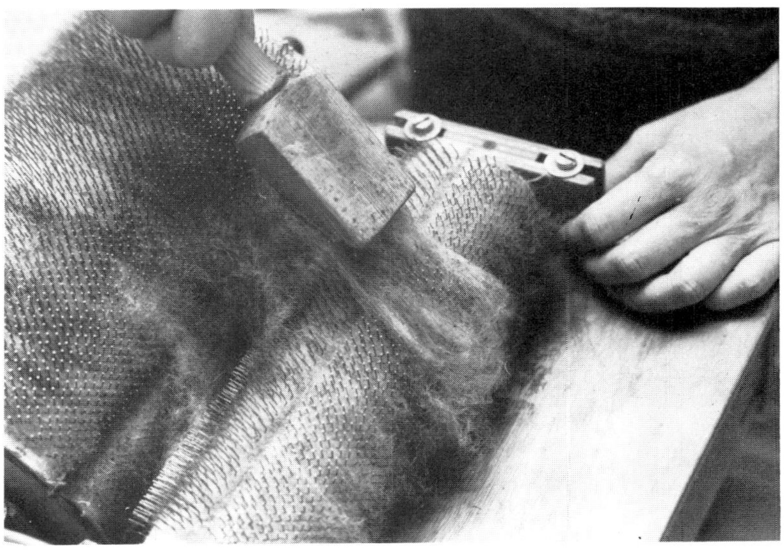

Entfernung der kurzen Fasern von der kleinen Walze mit Hilfe einer nagelbestückten Bürste.

Filzen

Legen Sie sich Ihren Schnitt zurecht. Sie benötigen für jede Seite Ihres Beutels zwei Lagen Wolle, also insgesamt vier Lagen.

Legen Sie eine Lage Wolle auf den Tisch in Längsrichtung und obenauf den Schnitt. Prüfen Sie, ob das Material mindestens 3 cm unter dem Schnitt herausschaut. Sind die Lagen für Ihren Schnitt zu schmal, so legen Sie weiteres Material dachziegelartig daneben.

Entfernen Sie nun den Schnitt und legen Sie auf die erste Lage eine zweite Lage Wolle, diesmal in Querrichtung. Bereiten Sie für die andere Hälfte des Beutels noch einmal die gleiche Materialmenge für Längs- und Querschicht vor.

Erhitzen Sie 1 Liter Wasser auf ca. 50 bis 55 °C und fügen Sie 1 Eßlöffel Schmierseife unter Rühren hinzu. Die Schmierseife muß vollständig aufgelöst sein, und die Lauge sollte während der Arbeit die Temperatur von 50 °C nicht unterschreiten.

Mit einem Gießgefäß schütten Sie etwas Lauge in die Mitte der vorbereiteten Wolle. Legen Sie den Schnitt darauf und drücken Sie ihn fest auf die Wolle. Dabei pressen Sie von innen nach außen,

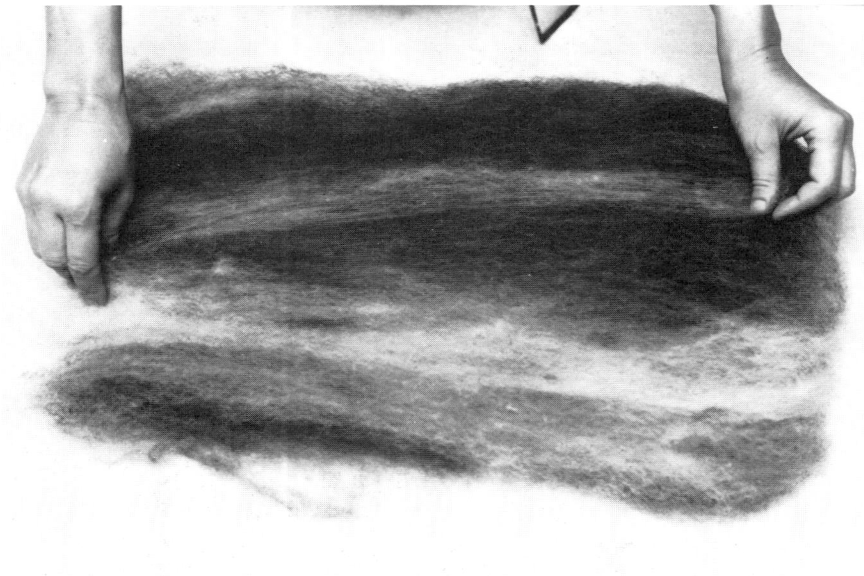

1. Wollschicht

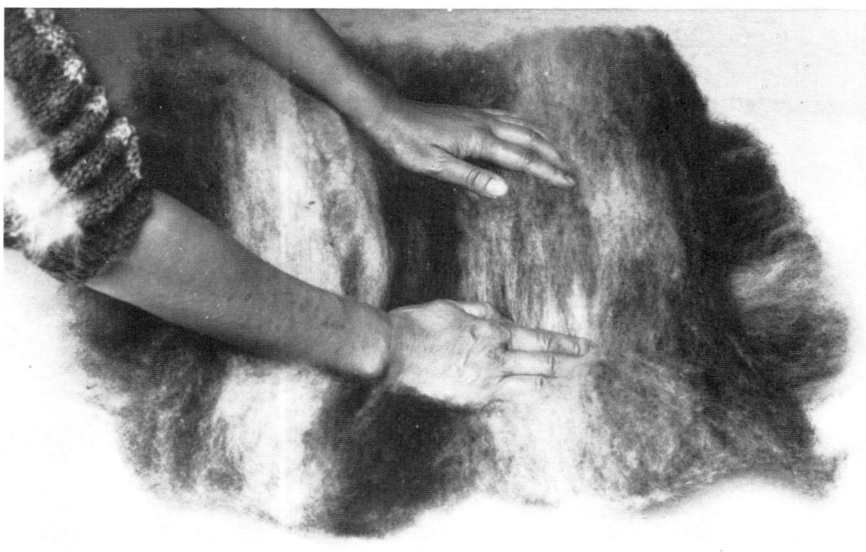

2. Wollschicht quer auf die erste Schicht legen.

In die Mitte der Wollagen wird heiße Seifenlauge gegossen.

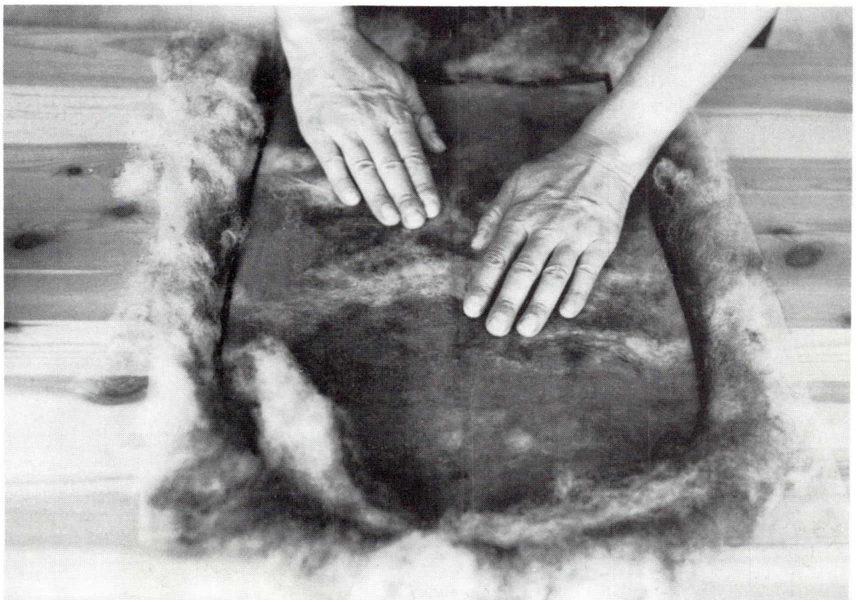

Folie auflegen und die Lauge verteilen; bei Bedarf nachgießen. Beim Filzen den äußeren Wollrand zunächst trocknen lassen.

so daß sich die Lauge zu den Seiten hin verteilt. Heben Sie den Schnitt seitlich dort vorsichtig hoch, wo die Wolle noch trocken ist. Gießen Sie Lauge auf die trockene Wolle und pressen Sie weiter nach außen an. Durch die klare Folie können Sie gut beobachten, wo noch Lauge fehlt und wie Sie weiterarbeiten müssen.

Die Feuchtigkeit darf nur bis zum Schnittrand (innerhalb der Schnittfläche) kommen, deshalb behutsam mit der Lauge umgehen.

Die überstehende Wolle muß vorerst trocken bleiben!

Sobald die "Schnittfläche" gleichmäßig feucht ist, nehmen Sie die Folie von der Wolle. Nun beginnen Sie mit vorsichtigen kreisenden Bewegungen in der Mitte des Materials. Langsam bewegen Sie Ihre Finger allmählich zu den Seiten hin, immer behutsam kreisend.

Wichtig: Je "gefühlvoller", "einfühlsamer" sie diese Bewegungen zu Beginn machen, um so besser wird Ihr gefilztes Stück später werden.

Unterschiedliche Wollsorten im Handel.

1984 DEZEMBER · DECEMBER · DÉCEMBRE
1 2
3 4 5 6 7 8 9
10 11 12 13 14 15 16
17 18 19 20 21 22 23
24 25 26 27 28 29 30
31

Arbeitsanleitung Beutel

Die Fasern dürfen nicht hin- und hergeschoben, sondern nur leicht auf den Untergrund gepreßt werden, und zart kreisend muß sich ein feiner Schaum bilden. Mehr und mehr quellen die Fasern, bis sich die kleinen Epidermisschuppen abspreizen.

Ist die ganze Fläche so bearbeitet, bringen Sie wieder die Folie darauf und legen die überstehende Wolle vom Rand genau an den Linien entlang auf die Folie nach innen. Die glatte Seite, d.h. die Öffnung des Beutels wird nur umgeschlagen, wenn Sie einen glatten Rand haben möchten. Soll der Rand unregelmäßig auslaufend und zottelig aussehen, so schlagen Sie die Fasern dort nicht um.

Feuchten Sie nun die trockene, umgeschlagene Wolle an und drücken sie nur sanft an die Folie (noch keine kreisenden Bewegungen machen).

Nun wird die vorbereitete zweite Beutelseite – sie besteht auch aus zwei Lagen – auf das bearbeitete Teil gelegt und mit Lauge befeuchtet und wieder so angedrückt und bearbeitet wie eben beschrieben. Sind Sie bis zum Rand gekommen und erkennen bzw. fühlen Sie die äußere Form, so wird das Werkstück vorsichtig angehoben und umgedreht.

Der überstehende Rand wird wieder nach innen umgelegt, befeuchtet und angedrückt. Bearbeiten Sie nun diese Seite ebenso wie die erste, lassen Sie Ihre Bewegungen dann langsam kräftiger werden, drehen Sie das Werkstück um und machen es hier genauso.

Prüfen Sie nach einer gewissen Zeit, ob die Fasern schon verfilzt sind. Mit Daumen und Zeigefinger werden an verschiedenen Stellen die Fasern hochgezogen. Die Fasern dürfen nicht locker hochzuziehen sein, sondern das Material muß bereits zusammenhalten – die Fasern müssen verfilzt sein – und sich von der Tischplatte abheben.

Prüfen Sie dies auf beiden Seiten des Beutels und an verschiedenen Stellen!

Vergessen Sie nicht, auch den Rand zu bearbeiten!

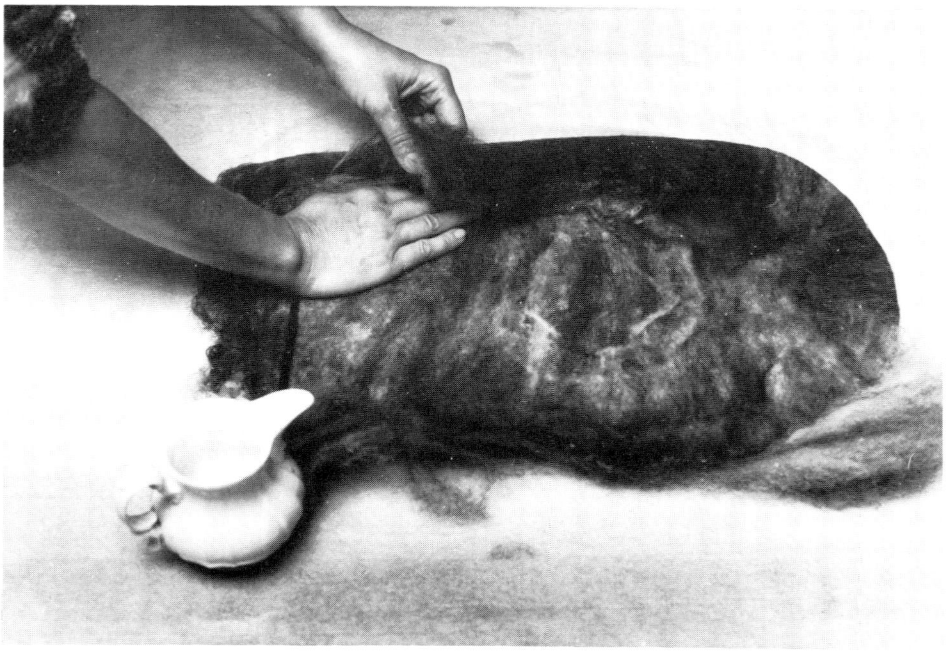

Nun den Rand auch befeuchten und zur Mitte hin umschlagen.

1. Nachdem Sie die erste Wollage in Längsrichtung hingelegt haben, schichten Sie die zweite Lage in Querrichtung darauf. Nun die Folie in die Mitte oben auflegen.

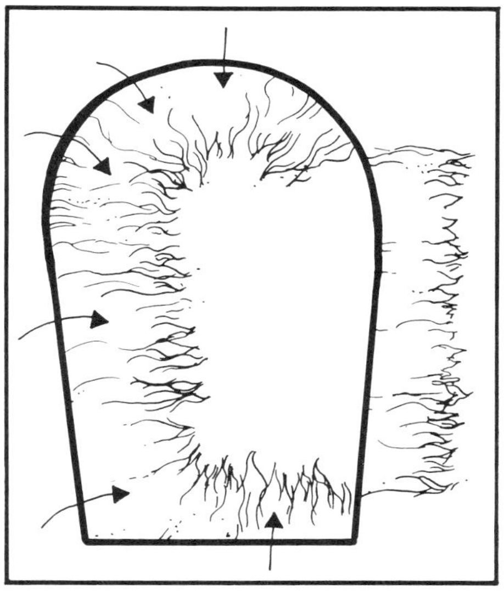

2. Wenn das Material unter der Folie gut mit Lauge durchfeuchtet und zusammengedrückt worden ist, werden die überstehenden Wollfasern entlang der Außenlinie des Schnittes zur Mitte hin geklappt. Vorsichtig anfeuchten und andrücken.

3. Bereiten Sie noch einmal zwei Wollagen der entsprechenden Größe vor, legen Sie diese auf das eben gearbeitete Stück, gießen Sie Lauge darauf und drücken Sie die Fasern sanft an. Reliefartig wird die Schnittform sichtbar und fühlbar werden.

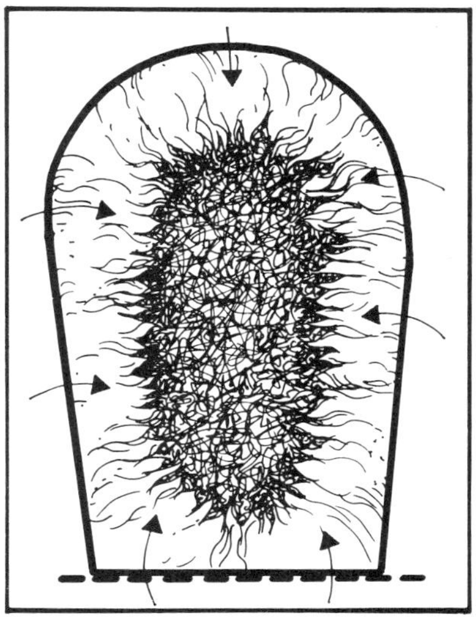

4. Wenden Sie das Ganze und klappen Sie die überstehenden Fasern wieder zur Mitte hin um. Befeuchten und weiterverarbeiten wie beschrieben.

Sind die beiden äußeren Teile und der Rand gut verfilzt, so gehen Sie mit einer Hand nach innen unter die Folie. (Bei eingeschlagenem Öffnungsrand muß jetzt die Öffnungsseite aufgeschnitten werden.) Bearbeiten Sie die Innenseite wie eben. Sodann wird das Teil auf die Seite gelegt und ebenfalls, wie vorher beschrieben, bearbeitet.

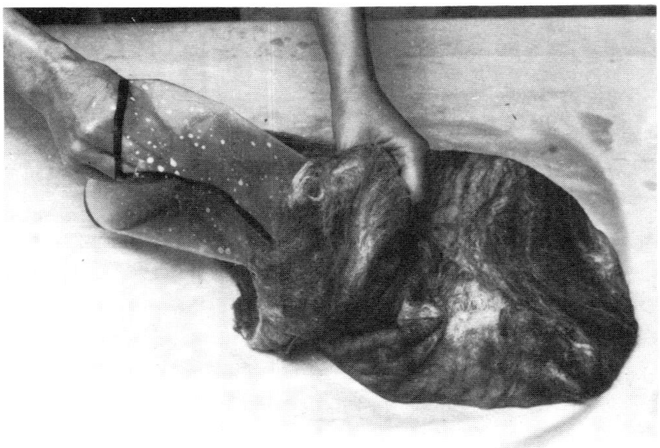

Folie herausziehen.

Ist alles gut verfilzt, ziehen Sie die Folie aus dem Filz heraus und reiben erst die Nahtstelle gleichmäßig weiter, damit sie unsichtbar und fest wird.

Je nachdem, welche Wollsorten Sie verwenden, kann das Filzen 20 Minuten und mehr dauern.

Während des Filzens kühlt sich die Lauge immer langsam ab. Drücken Sie von Zeit zu Zeit die kalte Lauge aus dem Werkstück vorsichtig aus (auf keinen Fall wringen!), und gießen Sie für das Weiterbearbeiten wieder etwas frische heiße Lauge darauf.

Walken

Nachdem Sie Ihr Werkstück gut gefilzt und anschließend alte Lauge entfernt haben, nehmen Sie es in beide Hände und walken es auf Ihrem Waschbrett. Sie benötigen wieder so viel Lauge, daß sich der feine weiße Schaum bildet.

Drehen Sie den Beutel in alle Richtungen und walken Sie jedesmal eine Weile.

Und prüfen Sie immer wieder die Größe nach und die Festigkeit. Das Walken kann bis zu einer halben Stunde dauern. Es gibt allerdings auch Wolle mit einer Walkzeit von nur 8 Minuten.

Bei Taschen, Beuteln u.ä. ist ein starkes Schrumpfen nicht tragisch. Bei Hüten, Haus- und Handschuhen oder anderen Stücken, die eine bestimmte Größe haben sollen, müssen Sie sehr achtsam sein, denn die Teile sollen ja passen.

Es gibt einen Zeitpunkt beim Walken, an dem das Werkstück ganz plötzlich zu klein werden kann! Wann dieser Punkt erreicht ist, kann man nur durch Erfahrung erkennen.

Darum immer wieder prüfen!

Walken

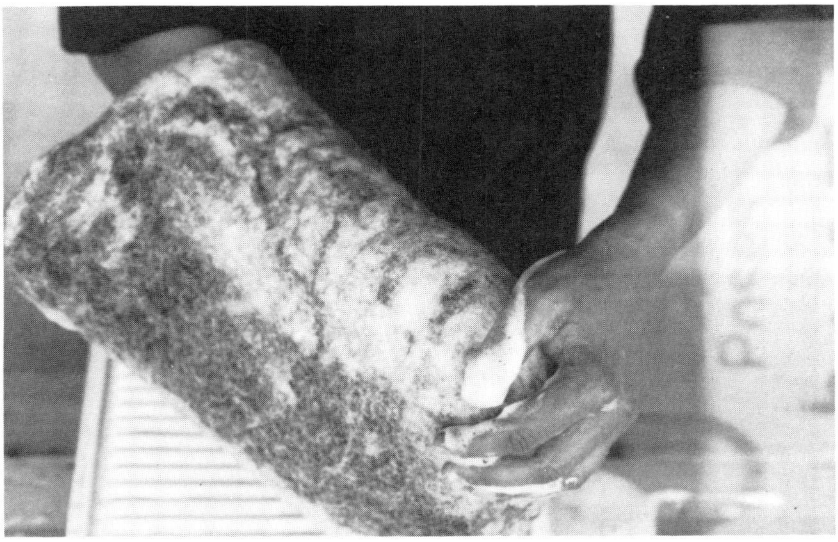

Nahtstellen bearbeiten.

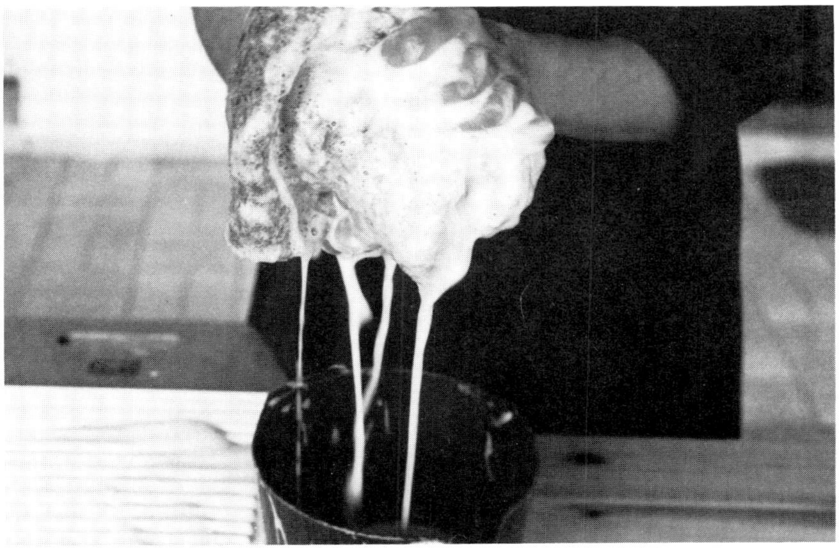

Überschüssige kalte Lauge ausdrücken.

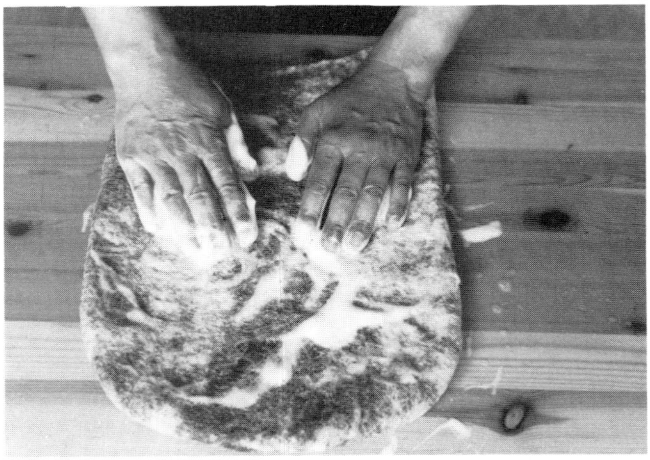

Form glattdrücken.

Dünne Stellen und Huckel nachfilzen.

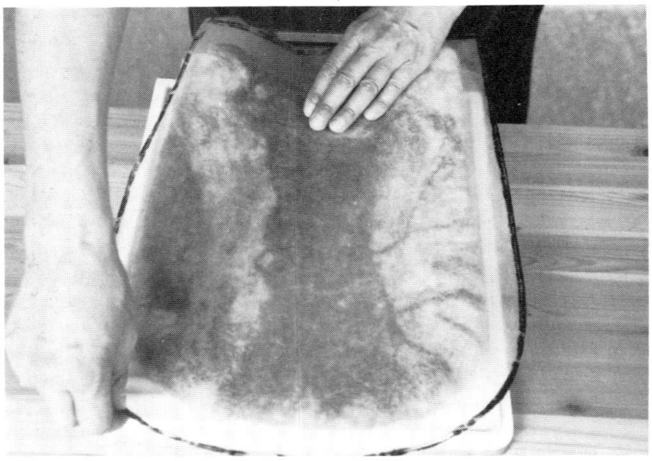

Form mit dem Schnitt vergleichen.

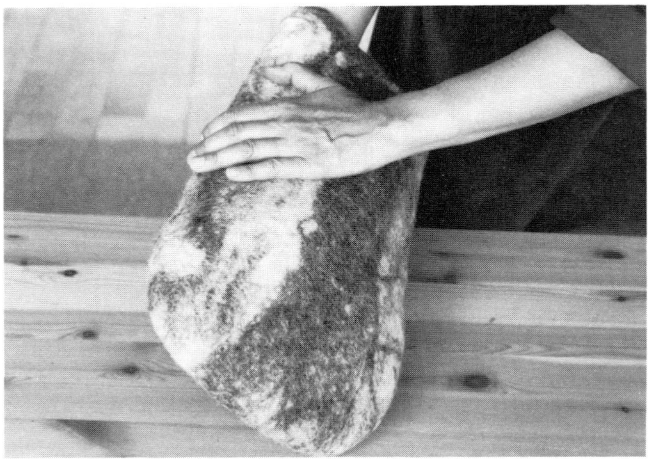

Ausspülen und formen, dehnen, drücken.

Formen

Hüte, Handschuhe u.ä. ziehen wir an und bearbeiten sie zuletzt am Körper. Dies sollte noch im feuchten, seifigen Zustand geschehen. Auf diese Weise erreichen Sie eine optimale Paßform.

Nachdem das Werkstück die von Ihnen gewünschte Form und Festigkeit erreicht hat, wird unter handwarmem, fließendem Wasser die Lauge herausgespült. Ist das Wasser zu kalt, ziehen sich die Fasern weiter zusammen und der Filz wird kleiner. Dies sollte beachtet werden und kann natürlich ausgenutzt werden, sollte Ihnen mal ein Werkstück zu groß geraten sein.

Nach dem Ausspülen ziehen Sie den Beutel noch einmal in die endgültige Form. Der Beutel wird auf den Tisch gelegt, gezogen, gedehnt, geglättet und gedrückt.

Hüte und Mützen setzen wir auf den Kopf – nachdem wir vorher eine dünne Folie daruntergelegt haben, um unsere Haare zu schonen – und dehnen bzw. drücken und verziehen den Filz so lange in die entsprechende Richtung, bis wir die gewünschte Form erhalten.

Hausschuhe und Handschuhe sind meist etwas ungleich, wir ziehen sie an und reiben hauptsächlich an den Stellen, an denen sie uns zu weit sind.

Unregelmäßige Ränder an den Werkstücken werden abgeschnitten und noch einmal separat mit Seifenlauge auf dem Waschbrett bearbeitet (nur an den Rändern). Auf diese Weise verschwinden die harten Kanten.

Fertig gearbeitete und ausgespülte Filze – vor allem flächige – werden wie Wäsche zum Trocknen auf die Leine gehängt.

Hohlformen trocknen aufgestülpt auf Flaschen, Stöckchen oder im Gras am besten.

Trocknen

Das Trocknen der Werkstücke kann auf verschiedene Weise erfolgen, je nach Form. Glatte Teile hängen Sie wie Wäsche mit Wäscheklammern an einer Leine auf oder legen sie auf ein geeignetes Gestell, so daß von allen Seiten Luft an sie kann.

Hohle Teile wie dieser Beutel, Hüte, Schuhe o.ä. trocknen gut aufgestülpt auf Flaschen oder Stökken. Damit die Rundungen nicht zusammenfallen, kann man Zeitungspapier zu einem Papierball zusammenknüllen und in das Werkstück drücken und dann erst auf einen Stock spießen.

Nachbehandlung und Pflege

Filze, die Ihnen nicht glatt genug geworden sind, können leicht gedämpft werden oder noch einmal naß gemacht und nachgeformt werden. Die Pflege der gefilzten Teile ist denkbar einfach. Sie waschen sie bei Bedarf in handwarmer Schmierseifenlauge, spülen lauwarm aus und formen eventuell nach.

Versteifungen für dauerhafte Form sind möglich mit Kartoffelstärke. Imprägnieren ist nicht nötig, da die Werkstücke wasserabweisend sind. Die Indios imprägnieren allerdings ihre Hüte mit einer Mischung aus Maismehl und Knochenleim.

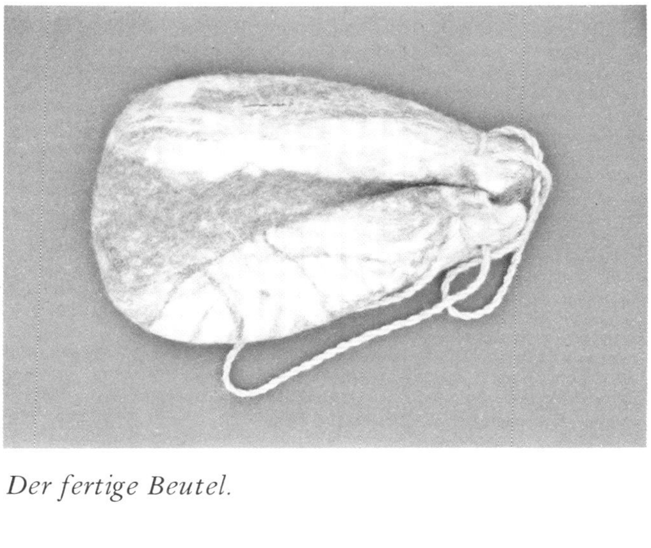

Der fertige Beutel.

Hüte

Filzhüte haben viele gute Eigenschaften. Sie sind sehr leicht, schützen den Kopf vor Kälte, Sonne, Regen und Wind. Sie sind weich und lassen sich gut in die Tasche stecken, ohne daß sie ihre Form verlieren. Und wir können diese selbst hergestellten Hüte formen, wenden, eindrücken und umschlagen, wie wir sie gerade benötigen.

Die Schnitte der Hüte sind abwandelbar. Halten Sie sich an die ungefähre Größe des Schnittes und ändern Sie ihn nach Ihrem Geschmack ab.

Finden Sie Hüte mit breiter Krempe schöner, so verlängern Sie den Schnitt an der entsprechenden Stelle. Soll er kleiner werden, machen Sie Ihre Folie kleiner.

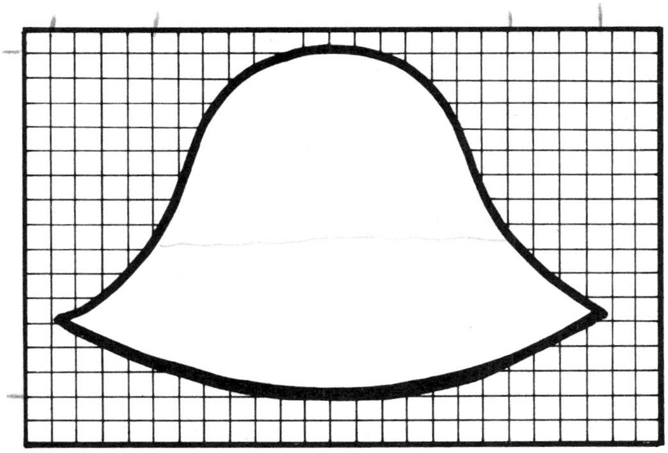

Damengröße

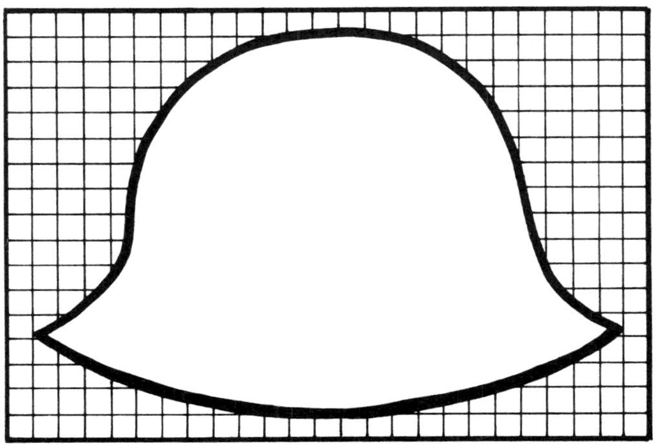

Herrengröße

Gearbeitet wird wie in der Arbeitsanleitung zur Herstellung eines Beutels angegeben. Legen Sie zwei Schichten Wolle (einmal Längsrichtung und einmal Querrichtung) übereinander. Darauf kommt der Schnitt, um zu sehen, ob das Material reicht. Eine zweite Doppellage (zwei Wollschichten) für die andere Seite des Werkstückes wird vorbereitet und zurechtgelegt.

Gießen Sie die Lauge auf die Mitte des Materials, legen Sie den Schnitt darauf und arbeiten Sie wie oben beschrieben weiter. Die überstehenden Ränder müssen zunächst trocken bleiben.

Fahren Sie mit dem Filzen, mit dem Auflegen des Materials für die zweite Huthälfte, dem Verbinden der Nahtstelle und später dem Walken so fort wie in der Anfertigung eines Beutels beschrieben.

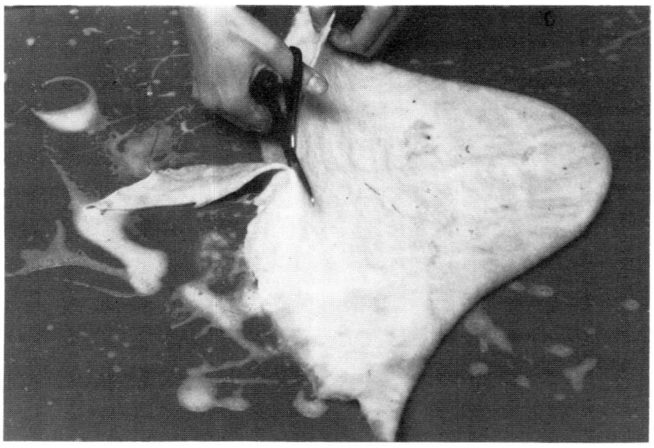

Bearbeitung der Hutkrempe.

Achtung! Beim Walken sollten Sie wachsam sein. Prüfen Sie zwischendurch immer wieder, ob der Hut nicht zu stark einläuft. Legen Sie hin und wieder die Folie auf den Hut, um die Größe zu vergleichen.

Probieren Sie ihn notfalls einmal an, damit nicht unbemerkt der Punkt erreicht wird, an dem der Hut bereits zu klein geworden ist.

Da Sie wahrscheinlich kein Holz-Kopf-Modell haben, an dem Sie weiterarbeiten könnten, formen Sie den Hut auf Ihrem Kopf in die richtige Paßform. Als Schutz vor der Feuchtigkeit legen Sie eine dünne Plastiktüte über Ihre Haare.

Nun drücken Sie mit beiden Händen den Hut fest an Ihren Kopf und streichen den Filz von der Mitte aus nach allen Seiten, damit er gut glatt anliegt und sich Ihrer Kopfform anpaßt. Machen Sie nun kreisende Bewegungen, damit sich der Filz in dieser Form weiter festigen kann.

Zwischendurch können Sie die Krempe bearbeiten, evtl. geradeschneiden, verziehen oder verschmälern, indem in der entsprechenden Richtung gewalkt wird. Fahren Sie so fort, bis der Hut die von Ihnen gewünschte Form erreicht hat.

Nun wird die Seifenlauge mit lauwarmem Wasser ausgewaschen, der Filz ausgedrückt und nochmals auf dem Kopf geformt. Danach kann er zum Trocknen an einen entsprechenden Platz gebracht werden.

Mützen und Kappen

Mützen und Kappen können Sie sehr bald selbst herstellen und passend formen.

Die in folgendem Schnitt gezeigte Kappe mit den auslaufenden, breiten Verschlußstreifen können Sie natürlich abwandeln, indem Sie an den unterschiedlichsten Stellen ihre Folie verändern (siehe punktierte Linie).

Gearbeitet wird wie beim Beutel beschrieben. Nehmen Sie nicht zu viel Wolle, damit die Mütze schön weich wird.

Damenmütze – für Kinder etwas verkleinern.

Baskenmütze – für Damen, Herren oder Kinder entsprechend vergrößern bzw. verkleinern.

Die Baskenmütze arbeiten Sie als geschlossene Form. Schneiden Sie dann später einen kleinen Kreis von ca. 12 cm Durchmesser an der Mützenseite, die direkt auf dem Kopf sitzt, heraus. Ziehen Sie diese Öffnung nach dem Walken vorsichtig auseinander oder vergrößern Sie sie durch weiteres Abschneiden des Filzes.

Fassen Sie den Rand nach dem Trocknen mit einem Seiden- oder Baumwollstreifen ein, damit er seine festgelegte Weite behält. Empfehlenswert ist ein dünnes Innenfutter für Menschen mit empfindlicher Haut.

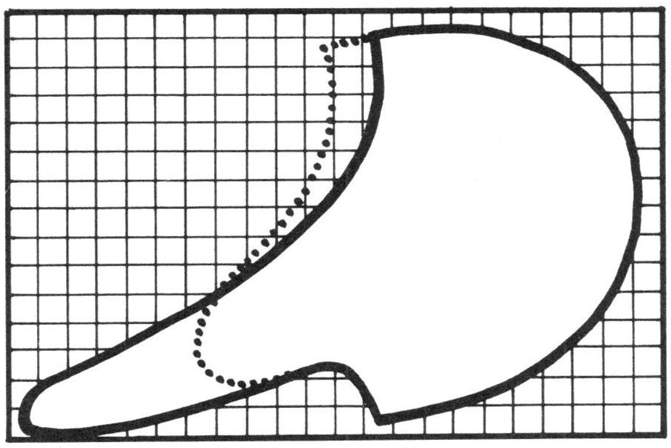

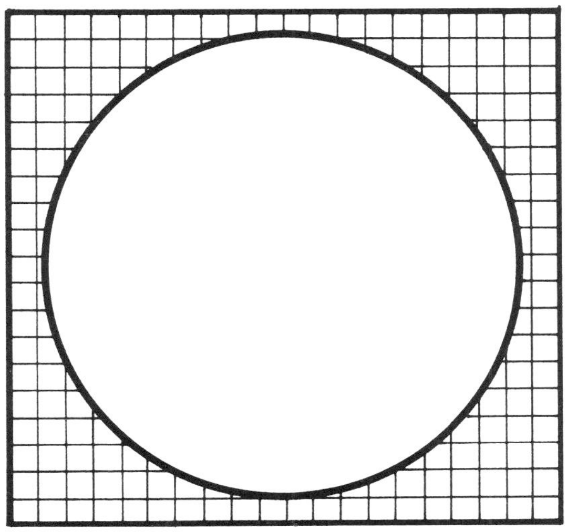

Eierwärmer, Täschchen, Glaswärmeschutz

Diese Werkstücke werden ebenfalls nach der Arbeitsanleitung für Beutel gearbeitet. Stellen Sie diese Dinge aus mehrfarbiger Wolle her, denn dies sieht hübsch aus und macht wenig Arbeit. Die Wolle wird vor dem Filzen mit Handkarden oder der Kardiermaschine vermischt (siehe auch unter "Anregungen und Tips").

Für Taschen, Täschchen, Behälter für Musikinstrumente o.ä. bieten sich unterschiedliche Arbeitsweisen und somit unterschiedliche Schnittmuster an:

- rechteckiges Schnittmuster in Taschengröße (plus Zugabe); es wird gearbeitet wie beim Beutel und es entsteht eine Tasche ohne Naht;
- rechteckiges Schnittmuster mit 2 abgerundeten Ecken in entsprechender Größe für Eierwärmer, Glaswärmeschutz, kleine Taschen;
- rechteckiges Schnittmuster in doppelter Taschengröße; es wird ein glattes Filzstück in o.a. Größe hergestellt und später in der Mitte geknickt und an den Seiten zusammengenäht; die Naht kann mit einer hübschen Kordel oder einem Band verdeckt werden;
- rechteckiges Schnittmuster in doppelter Taschengröße plus zusätzlichem Teil für den Überschlag an der Tasche;
- abgerundetes Schnittmuster (oval) für kleine Tasche oder Behälter; hier wird der Taschenteil beidseitig, der kleine Überschlag einseitig gefilzt. Das Täschchen ist also nahtlos gearbeitet; der Überschlag wird ordentlich geschnitten oder ausgefranst umgeklappt.

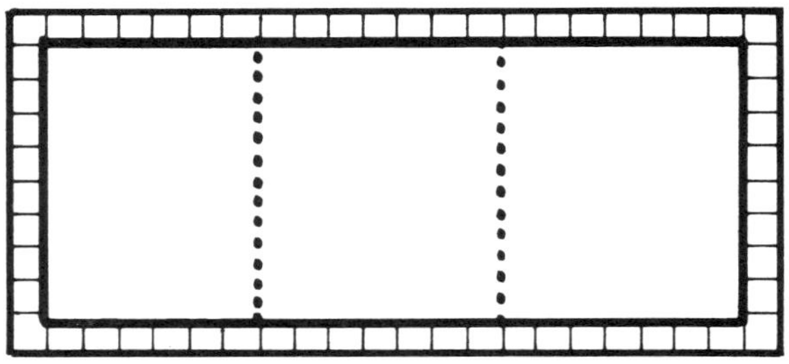

Tasche mit Schulterriemen

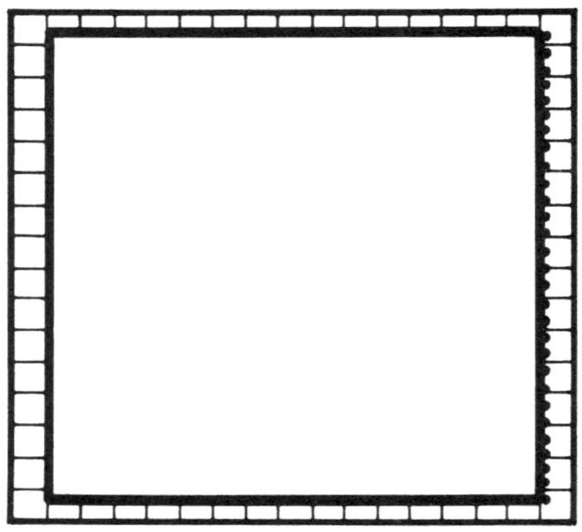

Große Tasche

Eierwärmer

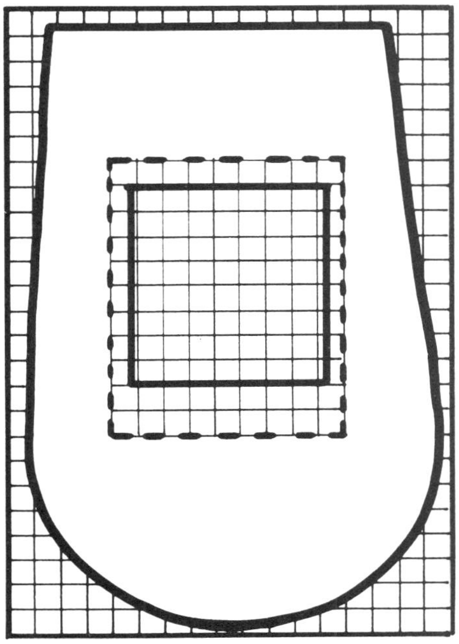

Beutel mit Innentasche.

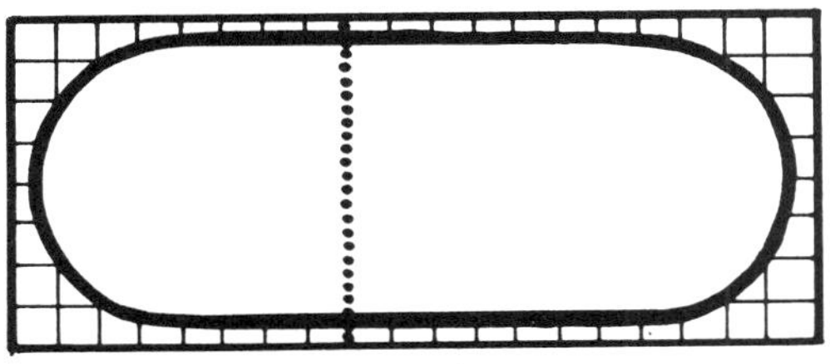

Kleine Tasche mit abgerundeten Ecken.

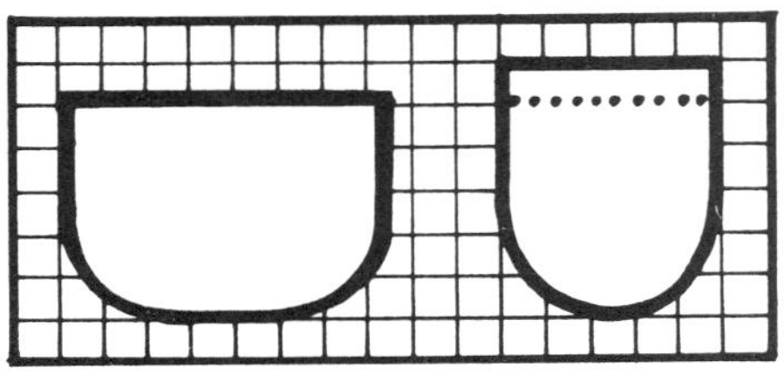

normale kleine Gläser

Gamaschen und Gürtel

Gamaschen aus Filz

Gamaschen, farblich abgestimmt auf Schuhe und Kleidung, sind ein hübsches und praktisches Geschenk sowohl für junge als auch für ältere Menschen. Sie halten warm und sind schnell abgelegt, wenn es nötig ist.

Sie können Gamaschen entweder als sich verjüngenden Schlauch arbeiten oder als glatten Filz, an den Sie einen passenden Verschluß anbringen. Es eignet sich ein Nietenverschluß, der eingestanzt wird, ein Klettverschluß, der angenäht bzw. angeklebt wird oder eine entsprechende lange Kordel, mit der die Gamaschen verschnürt werden.

Wandeln Sie den hier abgebildeten Schnitt nach Ihrem Geschmack in Größe und Form ab.

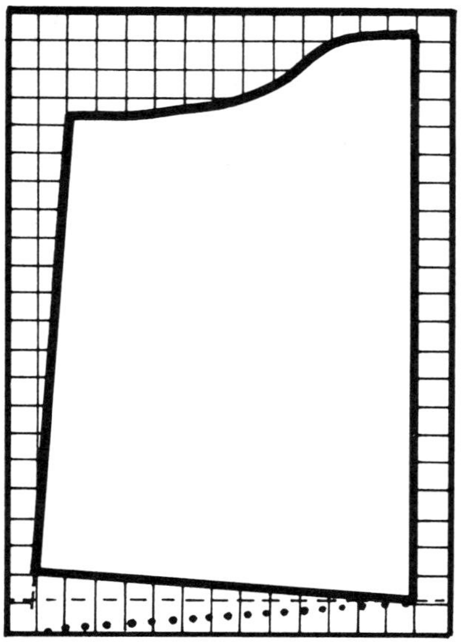

Schnitt für Damengamaschen.

Breiter Gürtel

Ein breiter Gürtel aus Filz ist eine Wohltat für Menschen mit empfindlicher Niere oder für Motorradfahrer o.ä.

Wenn Sie nach diesem Schnitt arbeiten, erreichen Sie eine Größe, die in etwa der Damengröße 38 bis 40 entspricht.

Den Verschluß können Sie wie bei den Gamaschen auswählen.

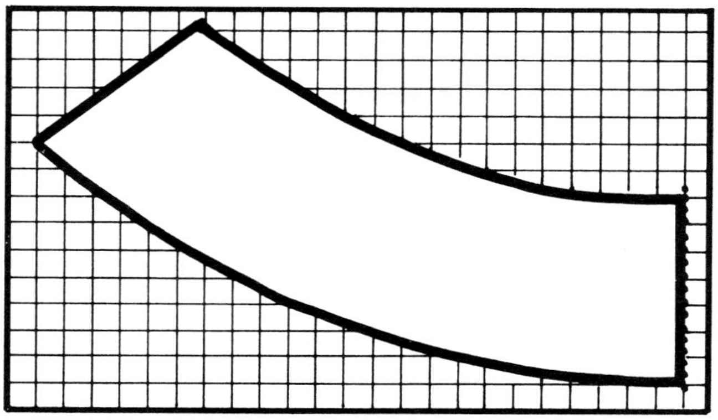

Schnitt für einen breiten Gürtel.

Paarweise Filzen

Filzen Sie Paare – z.B. Handschuhe, Hausschuhe oder Pantoffeln – nicht einzeln nacheinander, sondern in einem Arbeitsgang und anfangs in einem Stück.

Dies hat mehrere Vorteile:
– Sie haben keine Schwierigkeiten mit der Wollmenge pro Einzelteil, da Sie an einem Stück arbeiten;
– jeder Arbeitsgang – Wolle vorbereiten, Filzen, Walken – wird nur einmal ausgeführt;
– Sie sparen Zeit;
– Sie sparen Wolle;
– Sie können jederzeit Ihre Arbeit unterbrechen und bekommen trotzdem
– zwei gleichmäßige Teile.

Handschuhe

Stellen Sie sich zwei gleichgroße Folien für Ihre Handschuhe her und legen Sie sie mit der Öffnung spiegelbildlich zueinander.

Sie wissen nun, wie lang und wie breit Ihre Wollagen sein müssen. Bereiten Sie mindestens vier Wollschichten vor, zwei für die Unterseite und zwei für die Oberseite des Werkstückes. Sollen die Handschuhe sehr dick werden, benötigen Sie je Seite 3 bis 4 Wollschichten.

Legen Sie die erste Wollschicht in Längsrichtung und darüber die zweite Schicht in Querrichtung und prüfen Sie noch einmal, ob ca. 3 cm Fasern rund um den Schnitt überstehen.

Nun gießen Sie zuerst in die Mitte der Wollfasern Lauge und verfahren wie bei der Arbeitsanleitung "Beutel".

Die Handschuhfolien liegen inzwischen auf dem gleichmäßig angefeuchteten Material. Sollte es noch trockene Stellen geben (Sie erkennen dies daran, daß die Wolle sich nicht bei Druck an den Untergrund legt), gießen Sie dort noch etwas Lauge nach.

Sodann werden die trockenen Ränder umgeklappt auf die Folie. Bei den Fäustlingen schneiden Sie die Wolle zwischen Daumen und Zeigefinger, bei den Fingerhandschuhen zwischen allen Fingern vorsichtig ein und zupfen die harten Schnittkanten in sanfte Faserübergänge zurecht. So können Sie die Fasern besser umschlagen.

Ist das Material gut umgeschlagen, legen Sie die beiden vorbereiteten Wollschichten darauf und arbeiten weiter wie oben beschrieben. Danach wird umgedreht und wieder etwas eingeschnitten, umgeschlagen und alles so lange gefilzt, bis die Fasern bei dem Fasertest gut zusammenhaften.

Denken Sie daran, daß auch die Ränder gut verfilzt werden und arbeiten Sie an den Rundungen der Finger gleichmäßig und ausdauernd. Die spätere Stabilität wird Sie dafür entlohnen.

Wenn Sie den Filzprozeß außen beendet haben, muß auch innen verfilzt werden. Dazu müssen Sie nun Ihr Werkstück genau in der Mitte, also dort, wo die Handschuhe Ihre Öffnungen haben, durchschneiden. Die weitere Bearbeitung erfolgt nun für jeden Handschuh einzeln. Zuerst müssen Sie innen vorfilzen, danach werden die Folie herausgezogen und alle Partien weiter mit kreisenden Bewegungen weiterverfilzt. Das geht am besten, indem Sie den Handschuh anziehen und die Bewegungen weiter fortsetzen.

Sie spüren auch, an welchen Stellen Sie noch reiben müssen, ob die Nahtstellen unsichtbar verfilzt sind und wo der Handschuh noch enger sitzen soll. An den Stellen müssen Sie noch weiterarbeiten.

Anschließend wird der Handschuh auf dem Waschbrett gewalkt. Ob Sie nun zuerst den einen und dann den anderen Handschuh walken oder ob Sie beide gleichzeitig walken, indem Sie beide zusammen anziehen, ist Ihre individuelle Entscheidung.

Beide Möglichkeiten sind machbar, die Ergebnisse sind nicht zu unterscheiden.

Anfänger sollten zuerst Fäustlinge filzen und nicht gleich Fingerhandschuhe. Sie benötigen schon einige Erfahrungen, um weiche Fingerhandschuhe zu schaffen. Sie werden leicht zu hart und dick an den Fingern gefilzt.

Sollten einmal schlechte Ergebnisse bei Handschuhen vorkommen, z.B. ungleiche Fingerlängen oder -breiten oder dünne Stellen, so kürzen Sie sie entsprechend nach Ihren Vorstellungen. In kühlen Jahreszeiten sind solche Handschuhe gut geeignet für Gitarristen und Pianisten, die im Freien musizieren bzw. Autofahrer oder Gärtner.

Übrigens kann man fingerlose Handschuhe, sogenannte Mittelhandwärmer, auch gleich filzen.

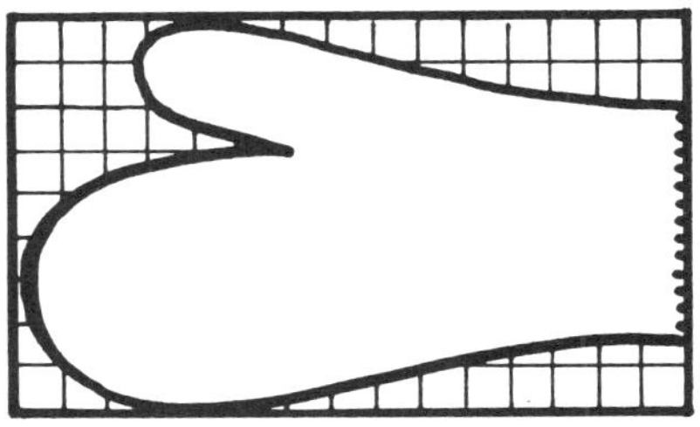

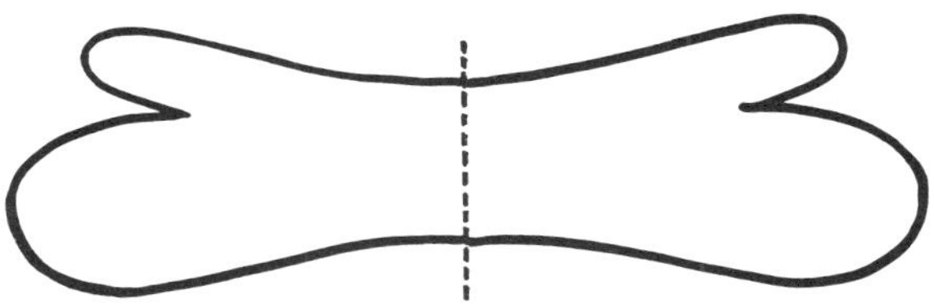

Handschuhschnitt für Fausthandschuhe.
Falten Sie Ihre Folie und tragen Sie die Schnittlinie des Handschuhs ab – auseinandergeklappt ist diese Form entstanden, mit der Sie mühelos ein Paar Handschuhe filzen können.

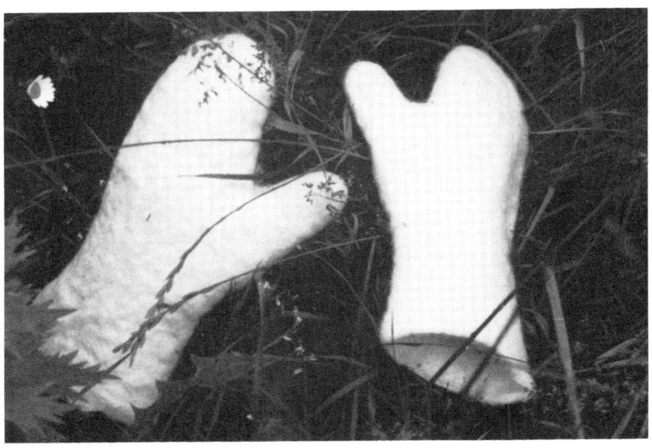

Fausthandschuhe, nach obigem Schnitt gefertigt.

Man kann diese Handschuhe nach dem Filzen, aber vor dem Walken, zusätzlich z.B. an den Rändern mit dunkler gekräuselter Wolle verzieren und anschließend nochmals filzen.

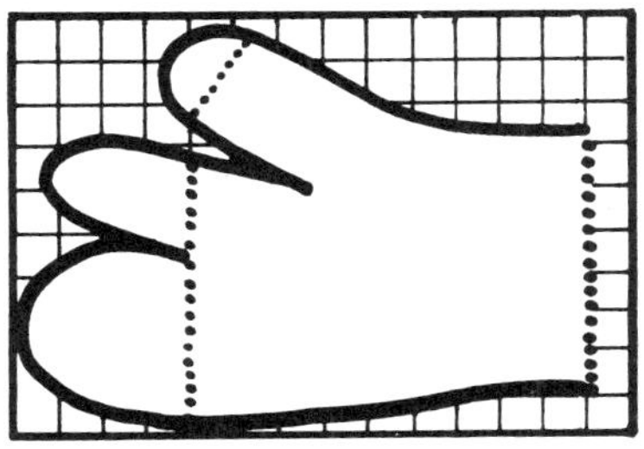

Dieser Handschuhschnitt eignet sich für winterliche Zweiradfahrer. Die Hände sind warm und die beiden wichtigsten Finger beweglich genug für das Bedienen von Kupplung, Gas und Bremse. Sollten Ihnen die Handschuhe an den kritischen Stellen vorn mißlingen, so schneiden Sie entlang der punktierten Linie das Material ab. Die Handschuhe sind trotz alledem noch warm und praktisch.

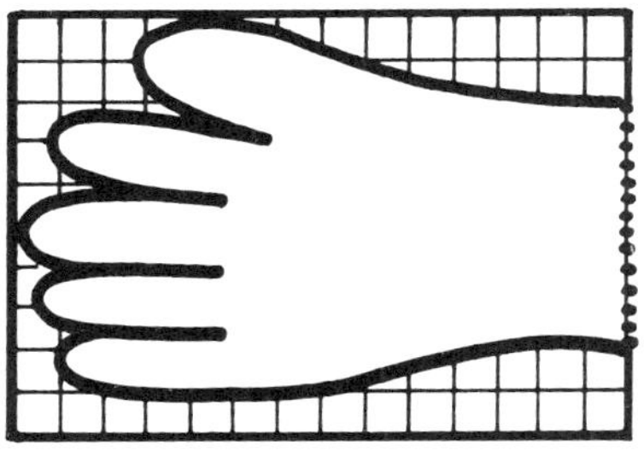

Fingerhandschuhe sind nur für fortgeschrittene Filzer geeignet, denn sie sind sehr schwer herzustellen. Handschuhfans in meinen Kursen wagten sich an die Arbeit, und sie gelang. Auch diese Handschuhe könnte man, wenn die Finger nicht gelingen, vorne abschneiden und fingerfrei tragen.

Hausschuhe

Hausschuhe aus Filz sind sehr angenehm zu tragen, denn sie wärmen und belüften die Füße gut und sind sehr leicht.

Schneiden Sie sich zwei gleichgroße Folienschnitte zu und legen Sie diese mit den Öffnungen spiegelbildlich zueinander. Arbeiten Sie wie bei der Ar-

beitsanleitung Handschuhe das Paar Hausschuhe als ein Stück, das später in der Mitte auseinandergeschnitten wird.

Hausschuhe mit höherem Schaft können an der vorderen oberen Mitte eingeschnitten werden, um besser hinein- und herausschlüpfen zu können.

Hausschuhe ohne Schaft sind – dünn gearbeitet – auch nützlich als Bettschuhe oder als wärmende Auskleidung in Gummistiefeln.

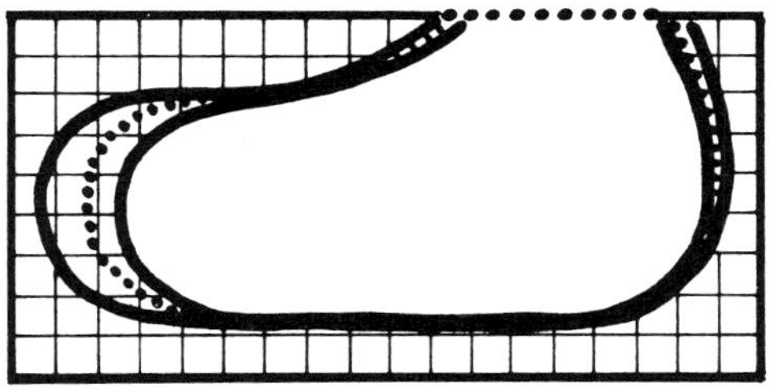

Schnitt für halbhohe Hausschuhe
Größe 36/37 ——— innen
Größe 38/39 . . . . außen
Größe 40/41 ——— außen

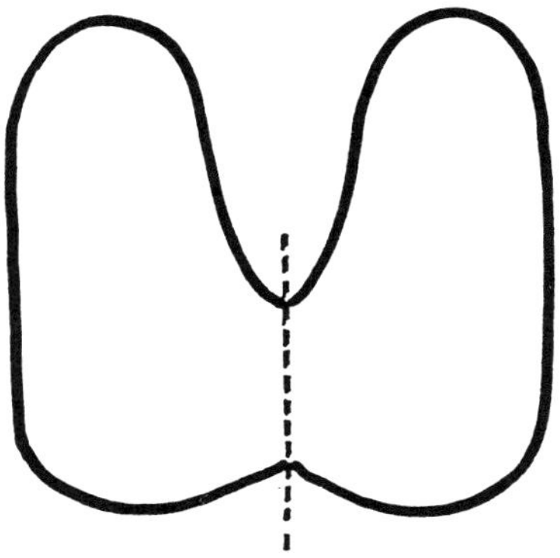

Mit diesem Schnitt können Sie ein Paar Hausschuhe in einem Stück erarbeiten. An der Strichellinie wird später das Paar getrennt.

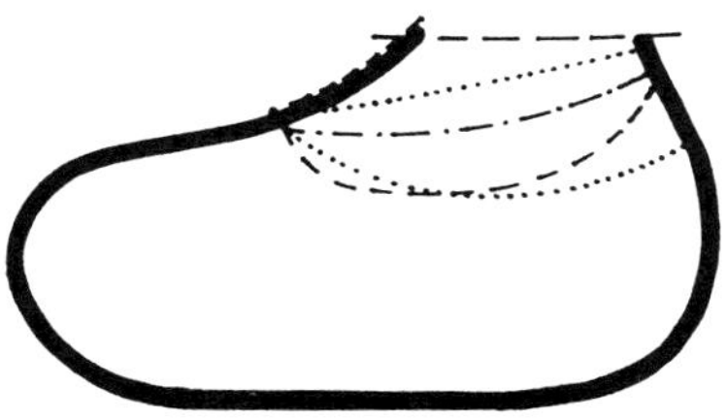

Hier ein Beispiel, wie Sie den o.a. Schnitt noch verändern können. Der Schnitt als solcher und die Arbeitsweise bleiben die gleiche, aber die Filzschuhe werden erst nach Beendigung des Walkens und Formens entsprechend beschnitten.

Hausschuhe aus grauer Gotlandwolle.

Weiche Hausschuhe in Stiefelform gearbeitet aus weißer Merinowolle; sie ist besonders angenehm und empfehlenswert für kleine Kinder und ältere Menschen. Auch als leichter Bettschuh eignet sich diese Art Schuh.

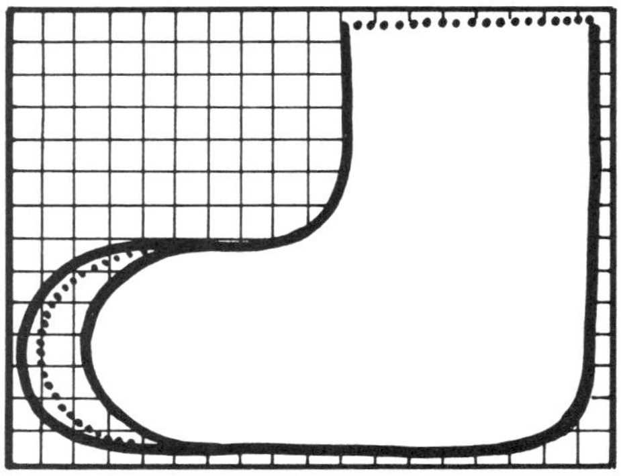

Schnittgrößen für Stiefel

Größe 39 ——— innen
Größe 40 zwischen ——— und . . . . .
Größe 41 . . . .
Größe 42 ———— außen

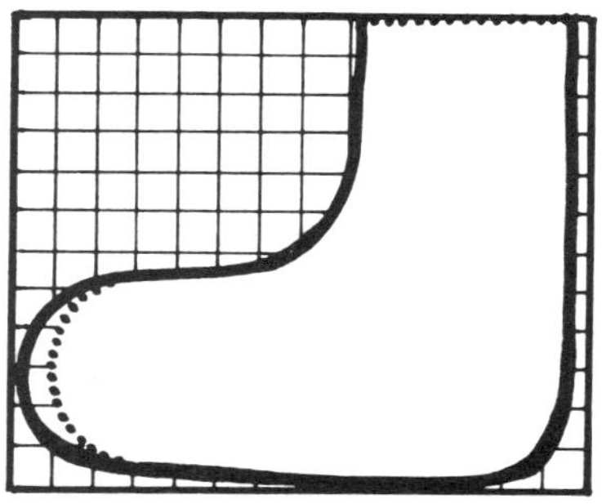

Schuhgröße 35 . . . .
Schuhgröße 37 ———
Schuhgröße 36 liegt dazwischen

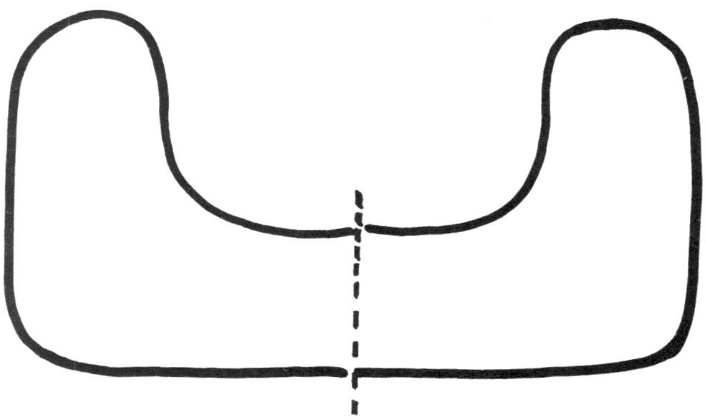

So sieht der Schnitt für ein Paar Stiefel aus. An der Strichellinie später durchtrennen.

Eine andere Art, einen lustigen Hausschuh herzustellen mit hochstehender Kappe, finden Sie in den folgenden Schnitten.

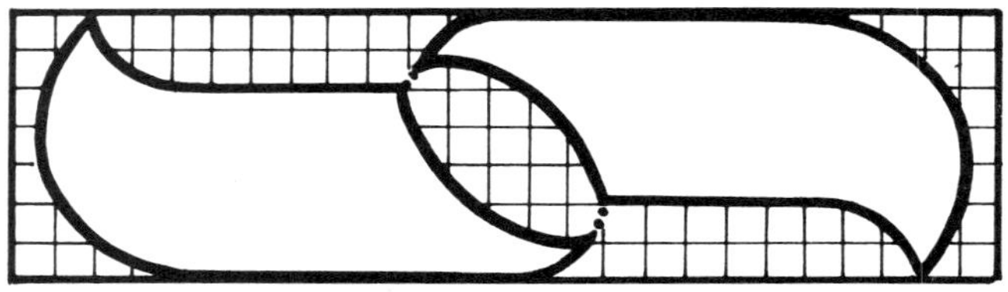

Schnitt für Hausschuhe mit Spitzenkappe (Gr. 35 bis 37). Mit diesem Schnitt können Sie ein Paar herstellen; schneiden Sie aber erst nach Beenden des Filzvorganges an den markierten Linien das Material durch.

Der gleiche Schnitt w.o. noch einmal, jedoch ohne markierte Schnittlinien.

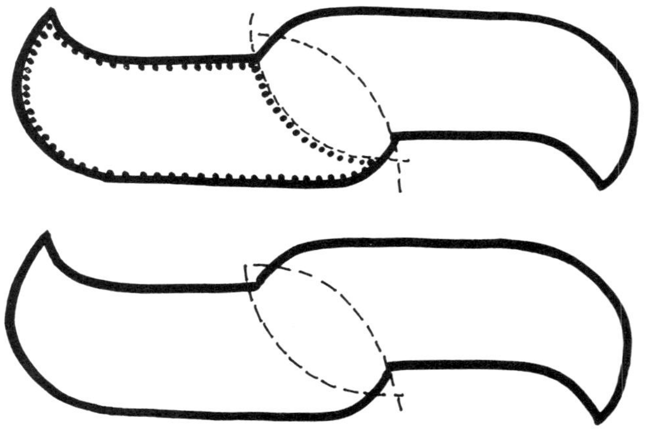

Hier ein weiterer Schnitt, jedoch mit etwas anderen Markierungslinien.

Es wird wieder in einem Stück gearbeitet. Nach Beendigung wird nach Vorlage geschnitten. Versuchen Sie, nur den Filz durchzuschneiden und nicht die Folie zu durchtrennen. Sie ist dann besser wiederverwendbar.

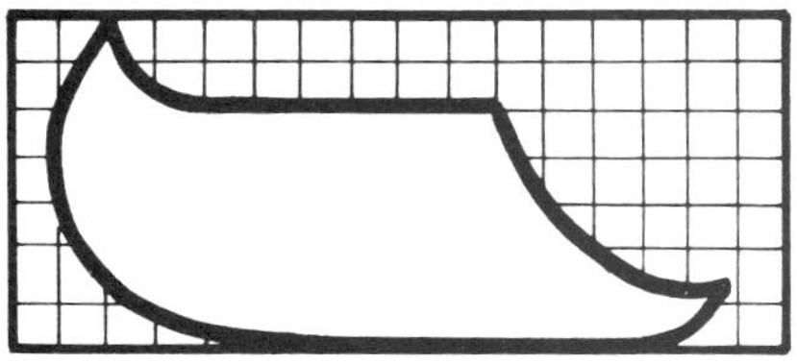

Sie können die Hausschuhe natürlich auch einen nach dem anderen filzen.

Diese Hausschuhe haben bereits Pantoffelcharakter, da sie die Ferse freilassen.

Haben Sie Parkettböden und/oder Holztreppen, so denken Sie daran, daß Sie mit Filzschuhen oder Filzpantoffeln leicht ausrutschen können. Deshalb und der besseren Haltbarkeit wegen sollten Sie Ihre Hausschuhe und Pantoffeln mit einer Ledersohle versehen.

Schneiden Sie die Sohlen reichlich groß zu , damit Sie diese etwas über die vordere Kuppe annähen können. Das schont die Spitze, die am meisten strapaziert wird.

Wenn Sie dann noch Lederreste haben, so können Sie damit Ihre Schuhe auch obenherum noch verzieren.

Eine andere Möglichkeit, die Hausschuhe und Hausstiefel stabiler zu machen, ist, eine abnehmbare Ledersohle herzustellen. Die Anregung bekam ich vor Jahren von einer Kursteilnehmerin.

Zweckentfremden Sie die Ledersandalen der Bronzezeit. Nach diesem Schnitt schneiden Sie sich Leder (oder Kunststoff) aus. An der Ferse muß das Leder zusammengenäht werden. Ziehen Sie eine entsprechend lange Schnur oder Kordel durch die kleinen Löcher an der Fußspitze und ziehen Sie diese eng zusammen. Nachdem Sie nun das Leder um die Filzschuhe gelegt haben, führen Sie die beiden verbliebenen Kordelenden vorne überkreuz und noch einmal nach hinten an die Knöchel und verknoten sie am Spann zu einer Schleife.

Diese Sohle (dieser Sandalenschnitt aus der Bronzezeit) hat den großen Vorteil, daß sie jederzeit abnehmbar ist, wenn die Schuhe gewaschen werden.

Hausschuhe aus Neuseelandwolle.

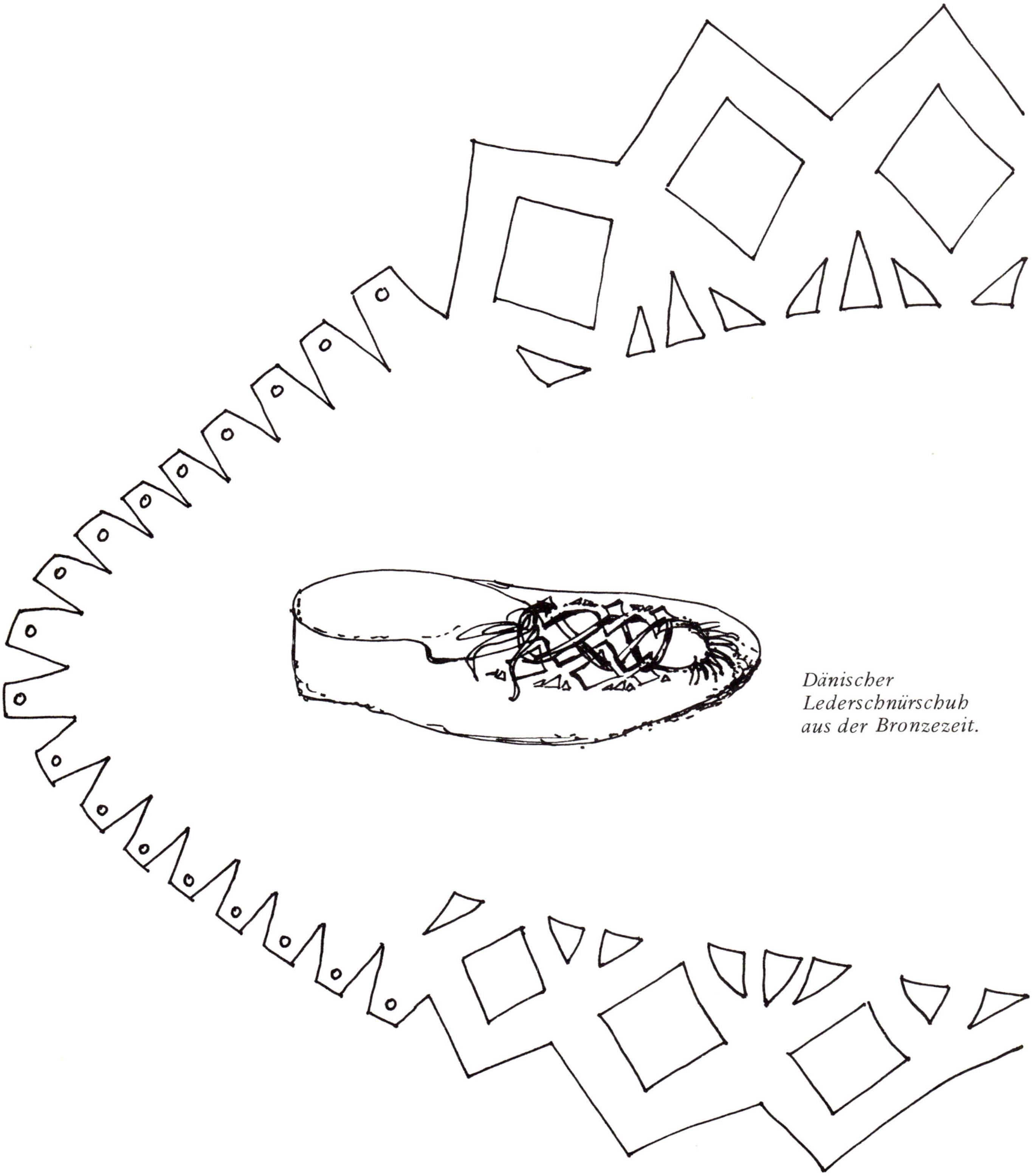

Dänischer Lederschnürschuh aus der Bronzezeit.

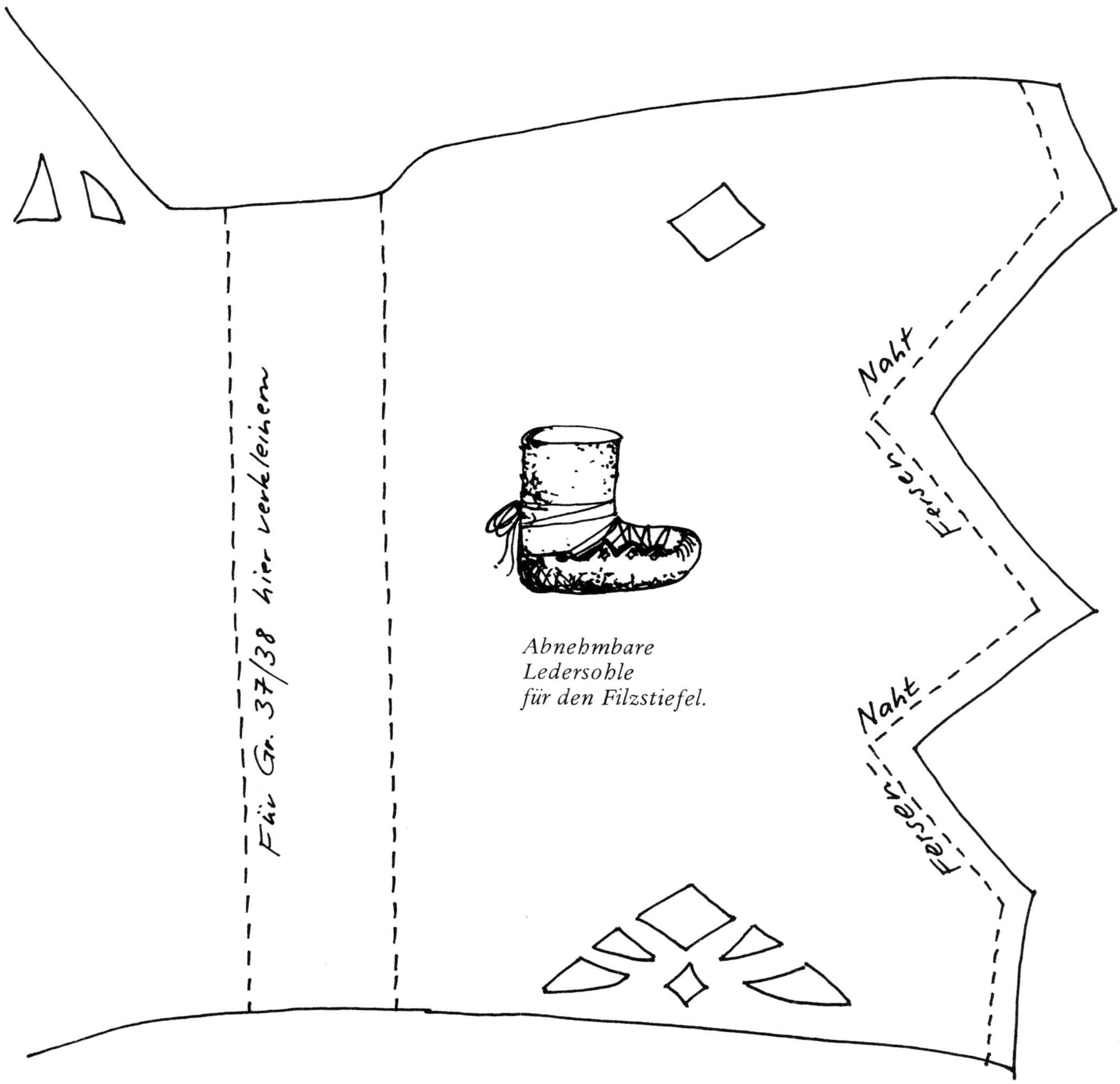

Abnehmbare Ledersohle für den Filzstiefel nach einem Originalschnitt eines dänischen Lederschnürschuhs aus der Bronzezeit Gr. 39 bis 41.
Für Gr. 37/38 nur die gestrichelte Fläche verkleinern.

Pantoffeln

Diese Pantoffeln sind der ideale Reisebegleiter, da sie sehr wenig Platz einnehmen, gedrückt werden können und sehr leicht sind. Sie wiegen nur 50 bis 55 Gramm.

Gefilzt wird ein längliches Oval, das später entlang der vorgegebenen Linie in S-Form durchgeschnitten wird.

Stellen Sie sich also eine ovale Folie her und eine Folie, die einen seitlich flachgedrückten Pantoffel darstellt. Diese Einzelfolie dient Ihnen als Muster, das auf das Oval aufgelegt wird, damit Sie wissen, wie Sie schneiden müssen. Die innere ovale Folie möglichst nicht zerschneiden, damit Sie später wieder damit arbeiten können. Auf der Rückseite des Ovals muß die S-Linie wie durchgepaust weiterlaufen und ebenfalls durchgeschnitten werden.

Kleinere und größere Pantoffelschnittmuster, die hier nicht angegeben wurden, können Sie erfahrungsgemäß nach einiger Übung bald selbständig entwickeln und danach arbeiten.

Die angegebenen Größen sind ca.-Größen, da verschiedene Wollsorten unterschiedliche Filzeigenschaften haben (also unterschiedlich stark eingehen).

Sie müssen immer wieder die Größe vergleichen und die Arbeit beenden, wenn die gewünschte Größe (bzw. Schrumpfung auf dem Walkbrett) erreicht ist. Darüber hinaus einfach weiterzuarbeiten, kann ein falsches Endergebnis bringen.

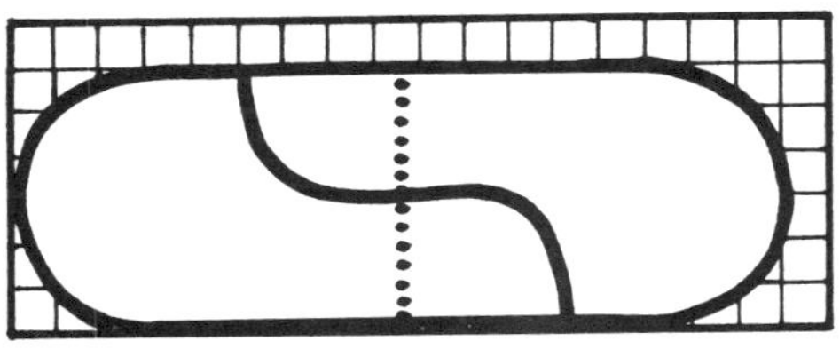

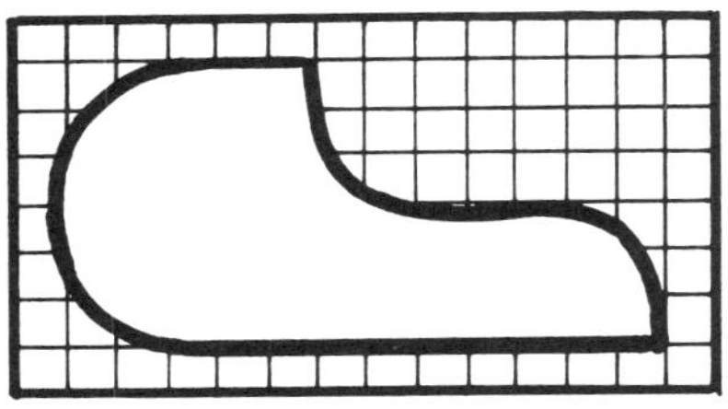

Schnitt für Pantoffeln (Gr. 35 bis 37).

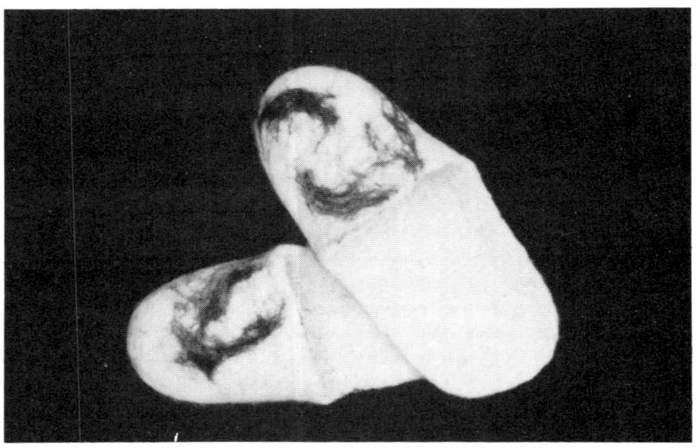

Pantoffeln aus weißer und beiger Schafwolle vom Milchschaf.

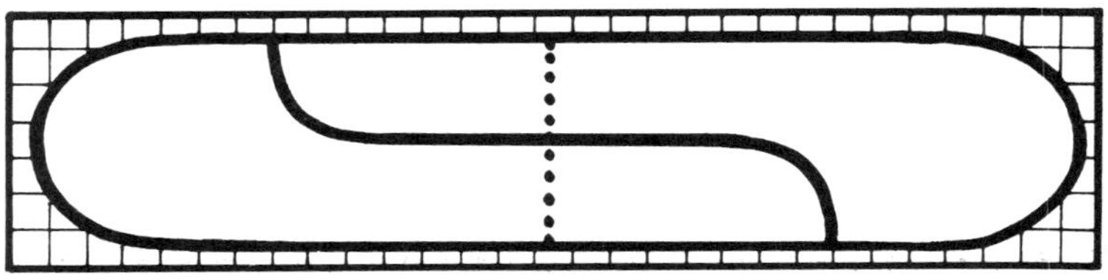

Pantoffelschnitt für Schuhgröße 42 bis 44. Länge und Breite verändern Sie entsprechend dem Menschen, der die Pantoffeln später trägt.

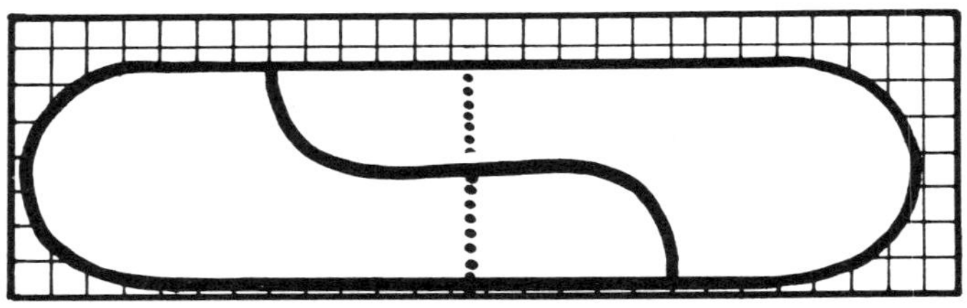

Pantoffelschnitt für Schuhgröße 40 bis 42.

Wenn es möglich ist, filzen Sie in der Endphase am betr. Fuß direkt, so entsteht eine optimale Paßform.

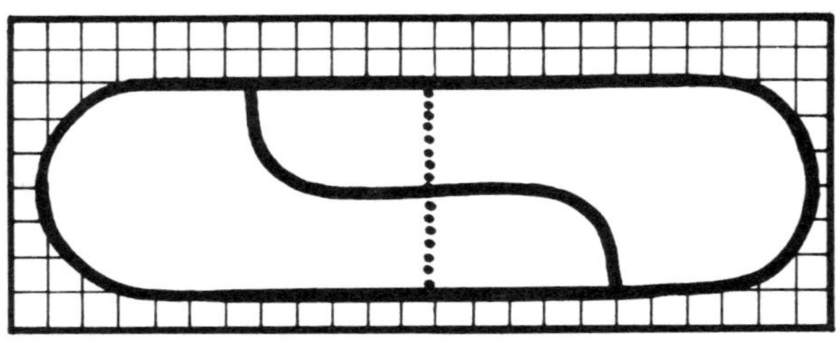

Pantoffelschnitt für Schuhgröße 38 bis 40.

Länge, Breite, Paßform beeinflussen Sie beim Arbeiten wie o.a.

Sie haben nun die Folie weggelegt, die zwei Teile auseinandergelegt, ein Paar Pantoffeln, die weiterbearbeitet werden wie die vorher beschriebenen Werkstücke. Sollten Ihnen die Sohlen zu lang geraten sein, so schneiden Sie sie einfach ab bzw. in Form.

Hausschuhe und Pantoffeln werden auf dem Waschbrett gewalkt bzw. auf einem anderen geeigneten gerippten Untergrund. Die letzten Minuten allerdings ist es ganz praktisch, die Schuhe oder Pantoffeln anzuziehen und mit Lauge zu bearbeiten.

Reiben Sie an den Stellen, an denen Ihnen die Schuhe noch zu weit sind, und zwar in der Richtung, in der sie enger werden sollen. Sie bekommen auf diese Weise Ihre ganz spezielle Paßform. Aber geben Sie acht, reiben Sie nicht zu stark und zu lange, denn beim Abkühlen der Fasern läuft das Werkstück noch ein und wird eventuell zu eng.

Aus dieser ovalen Grundform entstehen zwei gleichgroße Pantoffeln.

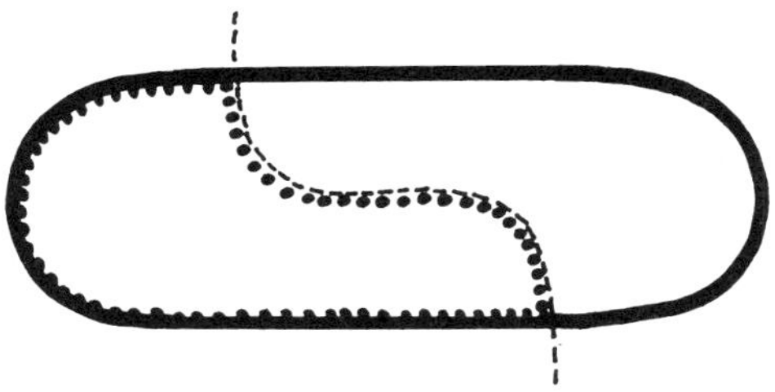

An der markierten Linie können Sie die Pantoffelform erkennen.

Der zweite Pantoffel entsteht entsprechend aus der Grundform.

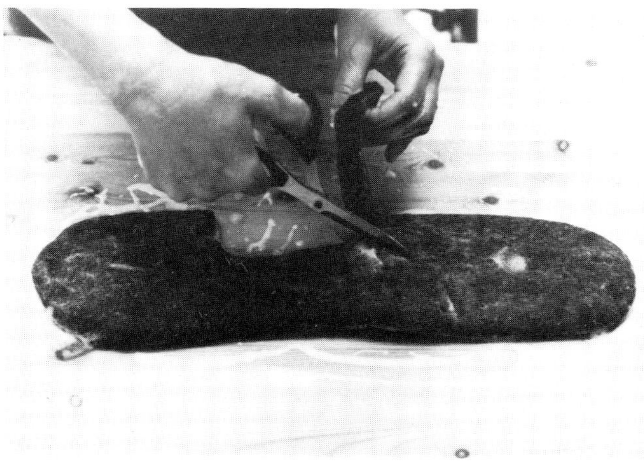

Die ovale Form wird an der gedachten S-Linie durchgeschnitten.

So erhalten Sie 2 Pantoffeln, die in einem Arbeitsgang hergestellt wurden.

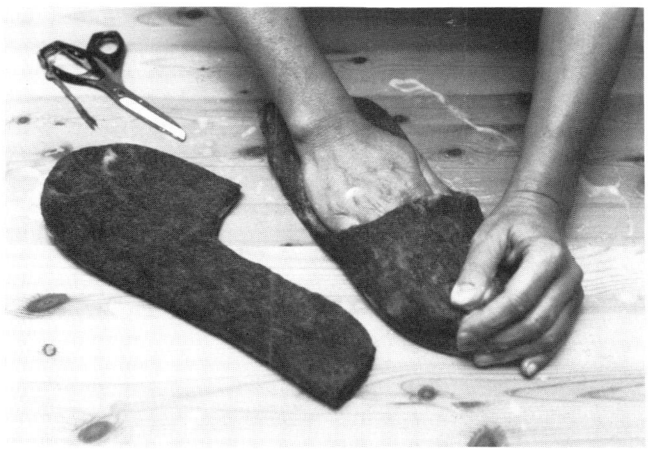

Ausformung der Pantoffeln.

iay

Weitere Objekte

Muff

Ein Muff aus weichem Naturfilz ist sehr hübsch und als praktisches Geschenk vom Herbst bis in den Winter hinein immer willkommen.

Um eine Größe von ca. 30 x 30 cm zu erreichen, müssen Sie einen Schnitt von ca. 40 x 40 cm herstellen.

Nun filzen Sie diesen Schnitt mit entsprechend viel Rohwollmaterial und walken später nicht zu stark, damit der Muff schön weich und wollig bleibt.

Rollen Sie entsprechend oft (zwei- bis dreimal) Watteline-Lagen für innen übereinander, und füttern Sie danach mit einem passenden Stoff den Muff aus.

Kräuseln Sie die Einschlupfseiten ein, damit eine abgerundete Form entsteht. Sie können das mit passenden Schrägstreifen tun oder auch Strickbündchen annähen.

Praktisch ist eine entsprechende Kordel oder ein Band – angenäht oder ganz durch den Muff gezogen –, um sich diesen um den Hals hängen zu können.

Fußsack

Um einen Fußsack herzustellen, filzen Sie einen einzelnen Stiefel, der entsprechend groß, dick und weich bleiben sollte, d.h. man darf nicht zu stark walken!

Fertiger Muff aus zweifarbigem Filz.

Mit Kordel oder Borte läßt sich ein Fußsack verzieren.

Dieser Stiefel wird an der Kontur entlang geteilt (durchgeschnitten). Danach wird ein Rechteck von ca. 35 x 90 cm gefilzt und gewalkt, das als Mittelstück zwischen beiden Seitenteilen festgenäht wird.

Eine hübsche Borte könnte z.B. diese Naht verdecken; Sie können aber auch eine Ziernaht sticken.

Gegebenenfalls füttern Sie den Fußsack noch, wenn er Ihnen zu dünn geraten ist.

Decken

Decken für einen Kinderwagen kann man z.B. in weiß mit roten Kringeln anfertigen.

Eine Kinderwagendecke sollte 40 bis 50 cm breit und 60 bis 70 cm lang sein.

Wenn Sie sie dick und farbig gestalten, kann sie später als Bodendecke bzw. Spielwiese für das Kleinkind dienen.

Decke und Filzbälle.

Bälle

Filzbälle haben den Vorteil, leicht und weich zu sein und sind daher bestens geeignet für kleinere Kinder; es besteht weder Verletzungsgefahr noch werden mit ihnen Vasen umgeworfen oder Scheiben zerstört, wenn temperamentvolle Kinder oder Jugendliche damit spielen.

Die einfachste Methode, schöne runde Bälle herzustellen ist, Styropor-Kugeln mit Wolle zu umfilzen. Dabei muß man darauf achten, daß immer nur dünne Wollschichten um die Kugel gefilzt werden und nach und nach weitere Schichten darüber gearbeitet werden.

Nehmen Sie die Kugeln in beide Hände und machen Sie abwechselnd die schon bekannten kreisenden Bewegungen mit den Fingern und Handinnenflächen.

Die allerletzte Schicht muß besonders lange gefilzt werden, damit insgesamt eine gute Stabilität erreicht wird. Zum Schluß wird der Ball unter fließendes kaltes Wasser gehalten, ausgespült und getrocknet.

Weste

Die Weste arbeiten Sie am besten in einem Stück, wie in der Arbeitsanleitung des Beutels beschrieben.

Danach schneiden Sie die vordere Mitte auf und schrägen den Halsausschnitt ein wenig ab.

Danach werden die Armlöcher aufgeschnitten.

Sie können aber auch ein großes Stück Filz herstellen und die Schnittfolie darauflegen, den Filz ausschneiden und entsprechend mit geeigneter Wolle und Zierstichen zusammennähen.

Die Taschen können aufgefilzt oder nachträglich aufgenäht werden.

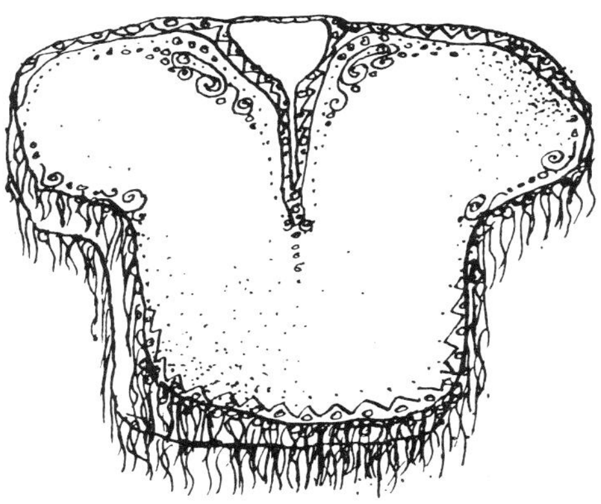

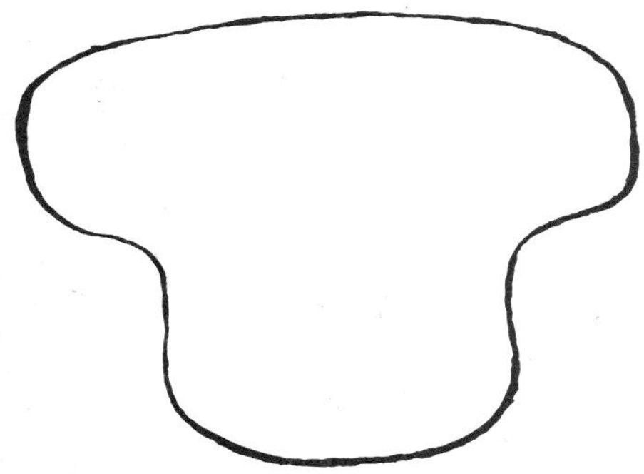

a)

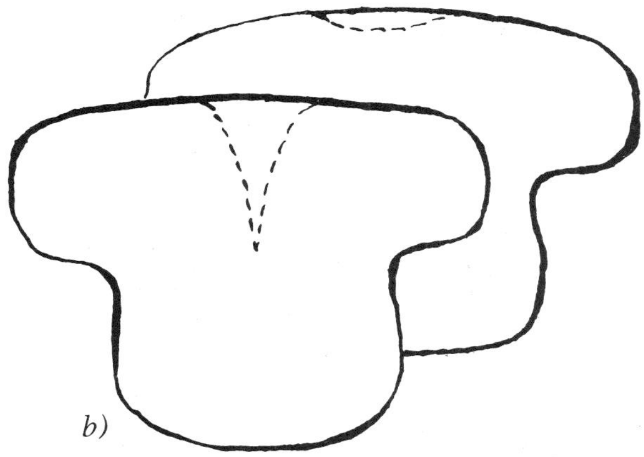

b)

Poncho

Erarbeiten Sie sich einen Schnitt in der passenden Größe.

Der Poncho wird nahtlos in einem Stück gearbeitet (siehe Arbeitsanleitung Beutel) (a) oder in zwei Filzplatten und später an den Schultern zusammengenäht (b). Auch die Arbeitsweise (c) ist möglich. Auslaufende Wollkanten sehen hier sehr natürlich aus.

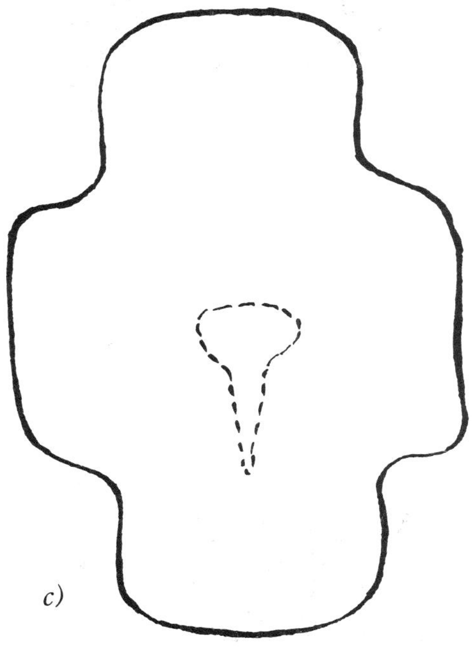

c)

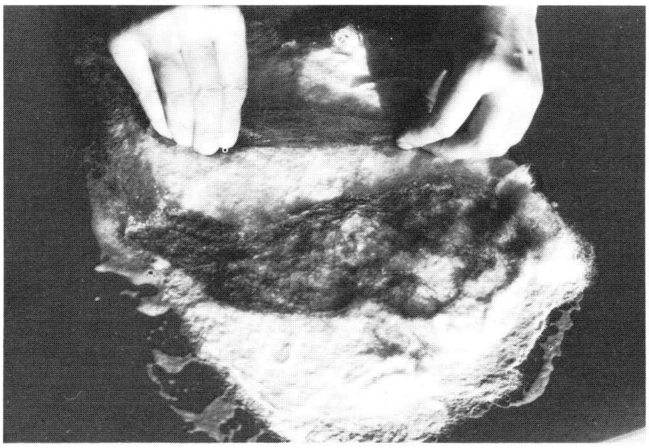

Auf weißem Grund (weißer Wolle) wird farbige Wolle mit der Hand so verzogen, daß später ein gewünschtes Motiv (z.B. eine Landschaft, ein Gesicht, eine Pflanze) zu erkennen ist. Auch mehrere Farben übereinandergeschichtet, nebeneinandergesetzt oder stark vermischt können eine kleine ausgeglichene Komposition ergeben, die auch jüngeren Kindern viel Spaß macht.

Filzbilder

Filzbilder entstehen, indem man einen einfarbigen Untergrund aus zwei Wollschichten wenig vorfilzt (nicht zu stark reiben) und dann handgesponnene Wolle linear und/oder Rohwolle in Form gezogen auf diesen Untergrund auffilzt.

Eine andere Möglichkeit, Bilder zu gestalten ist, Sie filzen sich flächige Filze in verschiedenen Farbabstufungen leicht vor, schneiden bestimmte Formen aus und fügen sie zu einem Bild zusammen. In eine dünne Faserschicht eingehüllt weiterverfilzt und gewalkt, ist ein zartes Filzbild entstanden.

Probieren Sie selbst andere Techniken aus!

Seite 69
Plastisch gearbeitetes Filzbild.
Zuerst wird eine glatte Filzplatte hergestellt; danach formen Sie Blätter und Stil, filzen leicht vor und verbinden sodann diese mit der Filzplatte. Mit den Fingern filzen Sie so lange, bis alles fest miteinander verbunden ist.

Gerahmtes Filzbild, hergestellt aus naturfarbener, weißer und brauner Wolle.
Die Fasern wurden so über- und untereinandergelegt und verzogen, daß der Eindruck einer Landschaft entsteht.

Eine dünne, durchscheinende weiße Wollschicht, versehen mit Augen und einem Bart, ergibt ein lustiges Fensterbild.

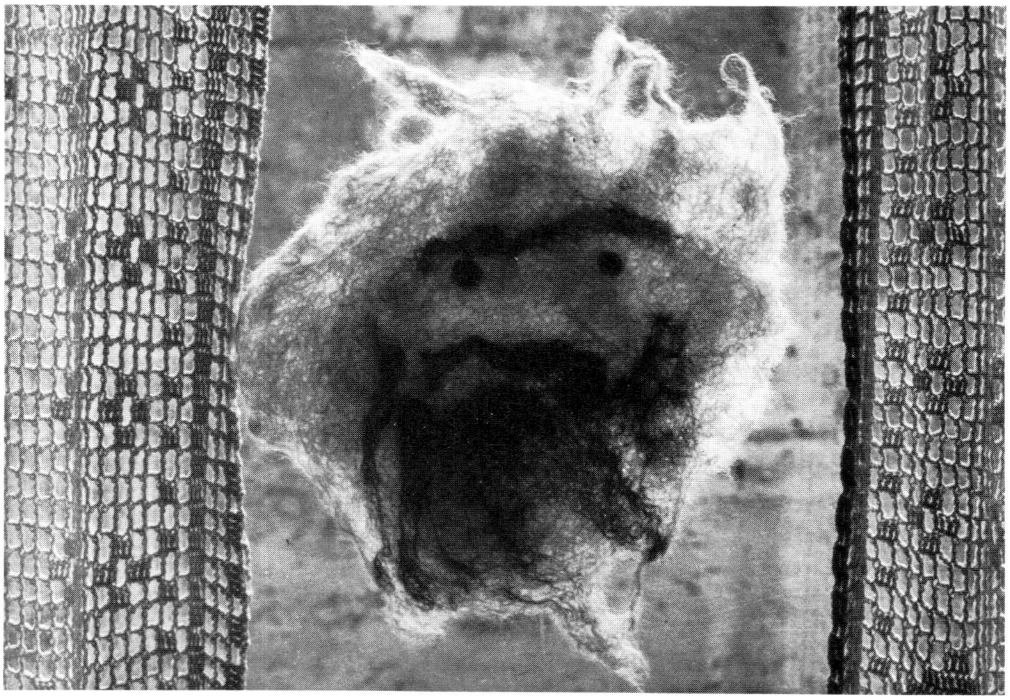

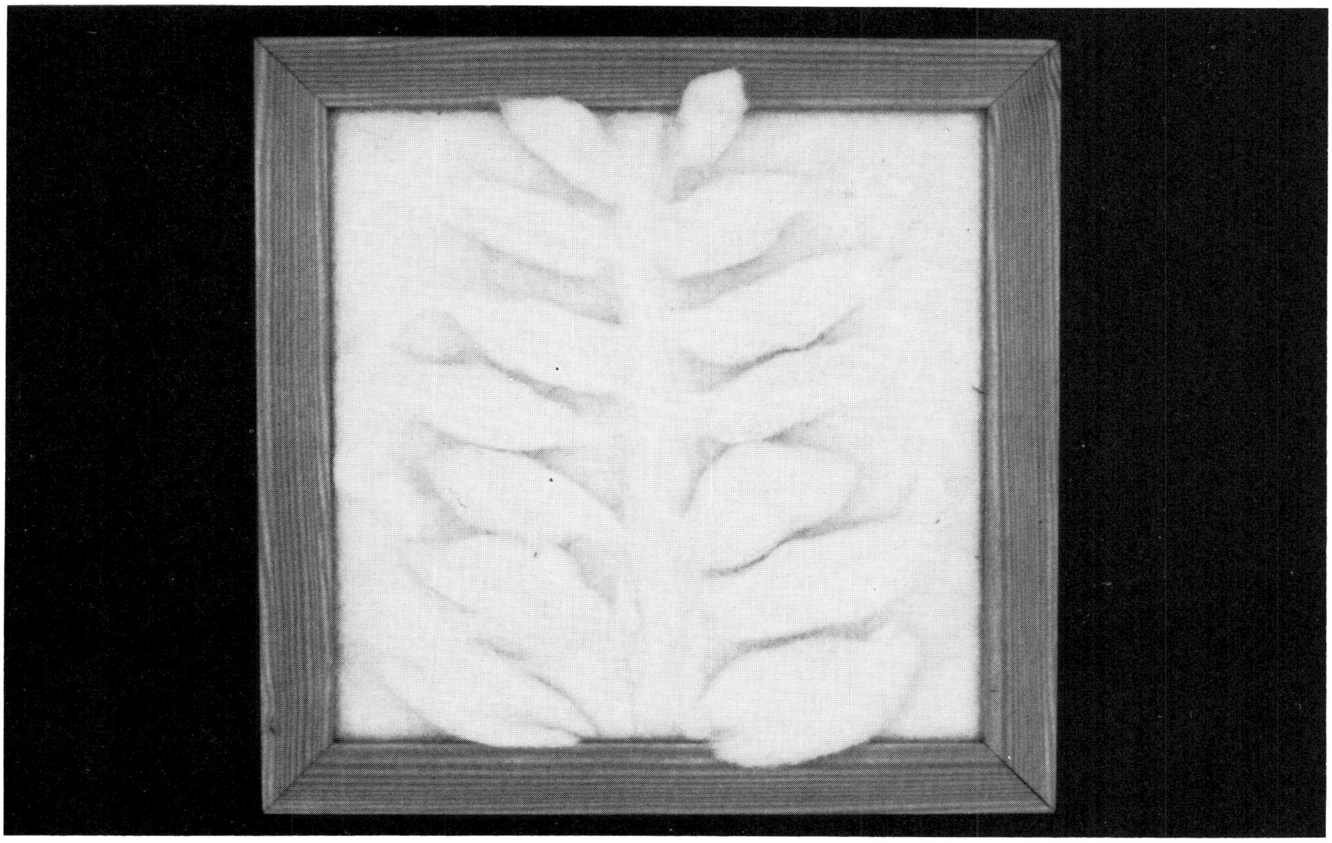

Anregungen und Tips

Wendefilz

Sollten Sie verschiedenfarbige Wolle besitzen, so können Sie einen Wendefilz herstellen, der zweifarbig ist. Sie legen die Wollschichten farblich gegengleich zueinander, also z.B. bei einem Schuh die inneren beiden Schichten hell, die beiden äußeren Schichten dunkel.

Die Schuhe sehen später so aus, als seien sie andersfarbig gefüttert.

Filzen Sie einen Hut innen andersfarbig als außen, so können Sie ihn wenden, wie Sie gerade in Stimmung sind.

Marmorierter Filz

Marmorierter Filz entsteht, indem man zwei Farben mit Handkarden oder der Kardiermaschine mischt. Natürlich kann man diese Technik mit der o.a. Wendetechnik kombinieren.

Zusammengenähte Filze

Natürlich können Sie auch flächige Filze nach herkömmlicher Art wie im Schneiderhandwerk nach einem Schnitt schneiden und zusammennähen. Dabei brauchen Sie nicht zu befürchten, daß der Filz ausfranst wie Stoff. Nähen Sie den Filz jedoch nicht übereinander, sondern lassen Sie die Kanten aneinanderstoßen.

Verschönerungen und Verzierungen

Möchten Sie Ihre gefilzten Teile noch verschönern, so können Sie das auf vielfältige Art und Weise tun.

Besticken

Filz können Sie besticken mit Wolle oder Perlen, Kordeln oder verschiedenen Naturmaterialien.

Aufnähen

Sie können Filzteile mit Leder oder verschiedenfarbigem Filz oder Stoff verzieren.

Einfassen

Auch das Einfassen mit selbstgeflochtenen, gedrehten oder gewebten Bändern sieht hübsch aus.

Umschlingen

Hüte, Schuhe, Handschuhe, Taschen und Beutel benötigen fast immer Bänder, um funktionsfähig zu sein. Löcher zum Durchziehen von Bändern und Kordeln z.B. bei Hausschuhen oder Beuteln, können in den Filz geschnitten werden, ohne daß das Material ausfranst.

Umhäkeln

Kleine Probeläppchen, zusammen- und umhäkelt, ergeben kleine Täschchen, Etuis, Topflappen o.ä. Kleine Kinder lieben Täschchen mit Ponpons.

Unterschiedliche Möglichkeiten der Gestaltung. Weiße und farbige Wolle verarbeitet, gemischt entweder vor dem Kardieren oder nach dem Kardieren, Wendefilz, marmorierter Filz oder mit Wolllocken verzierter Filz.

Bemalen und Färben

Mit Natur- oder industriellen Farben – Batikfarben – Zwiebelschalenfarbe – können einfarbige Filze gefärbt werden.

Wenn Sie keine farbige Wolle zur Verfügung haben, färben Sie Ihr Filzprodukt nach der Fertigstellung. Deka-Batikfarben sind industriell hergestellte Farben in Pulverform. Es gibt viele verschiedene Farbtöne in den meisten Bastelläden und Drogerien in Ihrer näheren Umgebung. Sie können diese Farben auch sehr gut miteinander vermischen. Die genaue Gebrauchsanweisung steht auf jedem Tütchen. Sie können Ihre Produkte ganz in diese Farbe tauchen oder nur einen Teil hineinhalten. Auch eine Abbindetechnik, die vor dem Färben erfolgen muß, sieht an entsprechenden Filzen gut aus.

Steht Ihnen reichlich Zeit zur Verfügung, dann färben Sie mit Naturfarben. Sammeln Sie Flechten, Rinden, Blätter u.v.m. und setzen Sie eine Küpe an. Es gibt inzwischen auch über das Färben mit Naturfarben geeignete Literatur, die Sie in jeder Buchhandlung bestellen können. Lassen Sie sich beraten!

Verzierungen

Eine Hilfe, fantasievolle Formen zu entwickeln, kann ein Scherenschnitt sein. Falten Sie ein farbiges Stück Papier (eine bunte Illustriertenseite genügt) und schneiden Sie eine Form aus, schneiden Sie nach Belieben noch einige kleine Formen darü-

Verwendung der Probeläppchen zur Verzierung Ihrer Kleidungsstücke.

ber oder darunter aus und klappen Sie das Papier wieder auf. Vielleicht müssen Sie das Ganze noch ein wenig verkürzen oder verschmälern.

Legen Sie die Form auf Ihr Filzprodukt und experimentieren Sie so lange mit Form und Farbe, bis Ihnen Ihr Filz mit der Verzierung gefällt. Erst dann übertragen Sie anhand Ihres Scherenschnittes die Form auf das Stückchen Filz, Leder oder Stoff, schneiden es aus und nähen es auf Ihr Filzprodukt.

Probeläppchen und was daraus werden kann

Wenn Sie mehr Probeläppchen haben als Sie benötigen, so gibt es viele Möglichkeiten, praktische Dinge daraus zu machen.

Haben Sie einen festen Filz und ist er groß genug, so schneiden Sie sich ein paar Sohlen daraus. Besonders für Gummistiefel sind sie sehr gut geeignet.

Kleinere Filzläppchen, versehen mit einer angenähten oder angehäkelten Schlaufe, sind die idealen Topflappen.

Längliche Filzreste, zusammengenäht und verziert, können zum Brillenetui, Geldbeutel oder Eierwärmer werden oder ein kleines Täschchen zum Umhängen für kleinere Kinder.

Zwölf kleine Probeläppchen, farblich zusammengestellte zierliche Landschaften (bemalt oder bestickt) ergeben sogar – aufgeklebt auf Karton – einen reizvollen Kalender.

Beginnen Sie mit Ihren Filzresten zu spielen. Ihnen fallen dann sicher noch mehr Ideen ein.

Materialbeschaffung

Wolle

Wolle bekommen Sie entweder bei Ihrem heimischen Schäfer (Rohwolle) oder bei folgenden Adressen:

R. & E. Braum, Postfach 143, 6340 Dillenburg (Vliese)

Deutsche Wollverwertung, Wollmarkt 9, 4790 Paderborn oder Finninger Str. 60, 7910 Neu-Ulm (hat alle deutschen Wollsorten sowohl ungewaschen als auch gewaschene Wolle – auch im Kardenband; die Eiderwolle ergibt einen angenehm weichen Filz; Vliese)

Geo-Kreativ, Am Fuchsbau 3, 6272 Niedernhausen (verschiedene Wollsorten; die fette kardierte Neuseelandwolle ergibt einen guten, festen Filz; auch die holländische Wolle hat gute Eigenschaften)

Handwebstudio F. Schlee-Seiz, Endepoet 1, 4300 Essen 18 (Neuseeländische Wolle)

Naturwolle H. F. Fritsch, Köhlerweg 7, 6370 Oberursel (Rohwolle und andere)

Axel Seehawer, Sonnenhalde 9, 7400 Tübingen (verschiedene Wollsorten im Kardenband, besonders preiswert die weiße Schottland in der Flocke, die aber noch mit Lanolin nachgefettet werden sollte; Mindestbestellmenge 10 kg)

Siegfried Traub, Schorndorfer Str. 18, 7065 Winterbach

Firma Tausch, Buigenweg 3 a, 8978 Burgberg

Werkladen Textil S. Jeromin-Gerdts, A 3,5, 6800 Mannheim (verschiedene Wollsorten im Kardenband; besonders die Kreuzungen haben gute Filzeigenschaften)

Handkarden und Kardiermaschine

Geo-Kreativ, Am Fuchsbau 3, 6272 Niedernhausen (keine Kardiermaschinen)

Handwebstudio F. Schlee-Seiz, Endepoet 1, 4300 Essen 18

Walter Kircher, Postfach 1608, 3550 Marburg/L.

Kunsthandwerkliche Werkstätten J. Wald, Kurze Gasse 12, 7032 Sindelfingen

H-W-G, Hauptstr. 31, 5250 Engelskirchen

H. M. Sickinger, Lauchstr. 34, 7340 Aufhausen

Textilwerkstatt Hannover, Friedenstr. 5 3000 Hannover

Werkladen Textil S. Jeromin-Gerdts, A 3,5, 6800 Mannheim

Die Wollscheune, Balkumer Grenzweg 29, 4550 Bramsche

Verleih: Textilwerkstatt, Biedensandstr. 40, 6840 Lampertheim, Tel. 06206/58182

Filzbretter

Geo-Aktiv, Am Fuchsbau 3, 6272 Niedernhausen

Handwebstudio F. Schlee-Seiz, Endepoet 1, 4300 Essen 18

Kunsthandwerkliche Werkstätten J. Wald, Kurze Gasse 12, 7032 Sindelfingen

Renate Smolawa-Drechsel, Schwanenstieg 23, 2067 Reinfeld

Textilwerkstatt Hannover, Friedenstr. 5, 3000 Hannover

Verleih: Textilwerkstatt, Biedensandstr. 40, 6840 Lampertheim, Tel. 06206/58182

und auf **Flohmärkten**

Weitere Materialien

Schmierseife
Auch als Silber- oder Goldseife im Handel – erhältlich in Drogerien oder Waschmittelabteilungen von Kaufhäusern. Kaufen Sie keine flüssige Schmierseife, denn mit ihr läßt sich Wolle nicht gut verfilzen.

Lanolin
bekommen Sie in Drogerien und Apotheken.

Batikfarben und Naturfarben
führen Bastel- und Hobbyläden. Auch Wollgeschäfte sowie Werkläden, Textil-, Naturkostläden und/oder Alternativläden haben manchmal das Naturmaterial und die entsprechenden Beizen.

Sie können aber Flechten, Rinden, Moose usw. auch selbst sammeln. Zwiebelschalen bieten eine breite Skala von Gelb- und Gold- bis zu Brauntönen.

Klarsichtfolien
bekommen Sie in Kaufhäusern und manchmal im Schreibwarenhandel. Die Folie sollte nicht zu dünn sein, da Sie sonst Schwierigkeiten beim Umschlagen haben. Sie können sie kaum mehr erfühlen. Die Stärke sollte in etwa so dick sein wie die gefalteten Klarsichthüllen, die für DIN A 4-Bögen im Büro o.ä. benutzt werden.

Folienschreiber bzw. Filzstift
Am besten geeignet sind wasserfeste Stifte, die im Schreibwarenhandel erhältlich sind.

Filzkurse

werden seit einigen Jahren in Holland, Frankreich, Dänemark, Schweden und Finnland veranstaltet.

Auch in Deutschland gibt es inzwischen die Möglichkeit, das Filzen in Kursen zu erlernen. Sehen Sie sich die Veranstaltungsprogramme der Volkshochschulen und Volksbildungsstätten an, die sich in Ihrer Nähe befinden.

Die Textilwerkstatt Hannover, Friedenstr. 5, 3000 Hannover gibt auf Anfrage weitere Adressen bekannt, wo Kurse stattfinden (siehe auch Jahrbuch Textil 1985/86, im Fachhandel erhältlich oder bei o.a. Adresse).

Literatur

Agren,K.: Tovning. – Västeras: ICA Bokförlag 1976

Baranski, H.: Filzarbeiten früher und heute. – In: Heimtex 5, Herford 1977

Bidder, H. u. J.: Filzteppiche – Ihre Geschichte und Eigenart.– Braunschweig: Klinkhardt & Biermann Verlag 1980

Breitenbach, M.: Im Land der wilden Reiter (die Kirgisen im Großen Pamir). – Frankfurt: S. Fischer Verlag 1981

Ciba-Rundschau: Filz, 1958/11 und Reisekleidung in römischer und späterer Zeit, 1962/3

Claessen, M.: Filzen, eine Anleitung zum Filzen von Wolle zur Herstellung von Kleidung und anderen Arbeiten. – Textilwerkstatt Hannover

Gordon, B.: Feltmaking: Traditions, Techniques and contemporary Explorations. – New York: Watson-Guptill–Publications 1980

Jettmar, K.: Die frühen Steppenvölker. – Baden-Baden: 1980

Lochbühler, G.: Filzen. Rohwolle verfilzen. – Stuttgart: Frech-Verlag 1982

Markus, B.: (Hrsg.): Das Große Textilbuch. – Nordhausen: 1928

Meister, W.: Zur Geschichte des Filzteppichs im 1. Jahrtausend n. Chr. – In: Ostasiatische Zeitschrift, Neue Folge, Vols. 10 & 12, S. 47–61; Berlin 1931–36

Morgenstern, Chr.: Filzen Verlag Werner Pieper

Müller, M.: Filz, Selbermachen und Gestalten. – Brunnen-Reihe 219; Freiburg: Christophorus-Verlag Herder 1984

NDR Hobbythek: Wolle einmal anders – Filz selbstgemacht. – Hobbytip Nr. 95, Mai 1983

Smolawa-Drechsel, R.: Filzen – Geschichte, Techniken, Anwendungsmöglichkeiten. – In Vorbereitung

Stichwortverzeichnis

Stichwortverzeichnis

BAUVERLAG

KREATIV SEIN:

Werkstattbücher für künstlerisches Gestalten

Jaquie Govier:
Theaterwerkstatt: Bühnenrequisiten selbstgemacht
224 Seiten DIN A 4 mit über 400 Abbildungen. Gebunden DM 59,–

In leicht verständlichen Zeichnungen wird die Materialbearbeitung, der Gebrauch von Werkzeugen und Hilfsmitteln erklärt und so mancher Trick und manch verblüffende Umwidmung von Alltagsgegenständen zu Requisiten verraten. Im zweiten Teil finden sich eine Fülle von Requisitenvorschlägen, die sich an den wesentlichen Theatersujets orientieren. Ausstattungen für Historienstücke aus Antike, Mittelalter und Neuzeit; dazu Western, Science-fiction, Märchen und Krippenspiele.

Terry Thomas:
Theaterwerkstatt: Bühnenbild und Kulissen selbstgemacht
Ca. 190 Seiten plus Stichwortverzeichnis DIN A 4 mit 500 Abbildungen. Gebunden ca. DM 60,–

Eine praxisbezogene Hilfe beim Kulissen- und Bühnenbildbau. Es behandelt die Entwurfsphase ebenso ausführlich wie später die Ausführung und geht auch auf die Arbeiten der Techniker während der Aufführung ein. Beschrieben werden Verarbeitung und Planung, Einsatz von Bühnenmodellen, Entwurfs- und Ausführungszeichnungen und Hilfen zur Organisation der Werkstattarbeiten, insbesondere für kleine Spielgruppen, z.B. Amateur- und Schultheatergruppen.

Renate und Christian Bellingrath:
Faszination Seidenmalerei
Tips, Tricks und Techniken
74 Seiten DIN A 4 mit zahlreichen ein- und mehrfarbigen Abbildungen. Kartoniert DM 29,–

Dieses Buch stellt außer der faszinierenden Technik der Seidenmalerei auch wundervolle Kunstwerke auf Seide vor. Es will Tips geben, Tricks verraten und Anregungen vermitteln, denn oft ist es das Wissen um Kleinigkeiten, das den Erfolg bestimmt.

Bruce Boulter:
Holzdrehen in 488 Bildern
Künstlerisches Drechseln in Freizeit und Beruf
175 Seiten DIN A 4 mit 488 Fotos. Kartoniert DM 48,–

Anhand vieler Beispiele werden die grundlegenden Arbeiten und Techniken des Drechselns erklärt. Die 488 Fotos zeigen dem Anfänger die verschiedenen Möglichkeiten dieses Handwerks, aber auch erfahrene Drechsler finden zahlreiche Anregungen und Ideen. Der Leser wird zur Ausführung eigener Arbeiten in den Techniken des Längs-, Quer- und Hohldrechselns angeleitet.

Bruce Boulter:
Holzdrehen für Fortgeschrittene in 487 Bildern
Schichthölzer – zusammengesetzte Hölzer – Hohlkörper
152 Seiten DIN A 4 mit 487 Abbildungen. Gebunden DM 54,–

Was im vorangehenden Band an Grundwissen angelegt wurde, wird hier weitergeführt. Überwiegend wird das Drechseln von Schichthölzern und ihre Verarbeitung von Hohlkörpern behandelt. Denn gerade in einer Zeit ständig steigender Preise spielen die Kosten edler Hölzer eine zunehmende Rolle. Es werden Beispiele gezeigt, wie man beim Drechseln z.B. von Schalen aus einem aus Holzschichten aufgebauten Rohling gegenüber einem vergleichbaren konventionellen Rohling etwa 2/3 des nicht unbeträchtlichen Abfalls sparen kann.

William Wheeler und Charles H. Hayward:
Holzschnitzen – Flachschnitzen – Vergolden
Werkzeuge – Handgriffe – Muster
140 Seiten DIN A 4 mit 100 Zeichnungen und 121 Fotos. Kartoniert DM 39,–

Die Verfasser, selbst Könner auf diesem Gebiet, beschreiben die notwendigen Werkzeuge und Geräte sowie die Art ihrer Anwendung und Instandhaltung. Sie bringen dem Leser das Zeichnen und Entwerfen nahe und führen ihn, von der einfachen Kerbschnitzerei ausgehend, Schritt für Schritt in anspruchsvollere Arbeiten, wie Faltwerke, Akanthus-Blattornamente, Zierprofile, geschweifte Randformen und Schriftzüge, sowie in das verwandte Handwerk des Vergoldens ein.

Preise Stand Aug.'87; Preisänderungen vorbehalten.